Todos los libros de Linkgua Ediciones cuentan con modelos de Inteligencia Artificial entrenados por hispanistas. Pregúntale al chat de tu libro lo que desees acerca de la obra o su autor/a.

Para **ebooks**: Accede a nuestro modelo de IA a través de este enlace.

Para **libros impresos**: Escanea el código QR de la portada con tu dispositivo móvil.

Obtén análisis detallados de nuestros libros, resúmenes, respuestas a tus preguntas y accede a nuestras ediciones críticas generativas para una experiencia de lectura más enriquecedora.
La transparencia y el respeto hacia la autoría de las fuentes utilizadas son distintivos básicos de nuestro proyecto. Por ello, las respuestas ofrecen, mediante un sistema de citas, las fuentes con las que han sido elaboradas.

Autores varios

Todas las constituciones cubanas del siglo XIX

Barcelona 2024
Linkgua-ediciones.com

Créditos

Título original: Todas las constituciones cubanas del siglo XIX.

© 2024, Red ediciones S.L.

e-mail: info@linkgua.com

Diseño de cubierta: Michel Mallard.

ISBN rústica ilustrada: 978-84-9953-665-1.
ISBN rústica: 978-84-9816-028-4.
ISBN ebook: 978-84-9897-626-7.

Cualquier forma de reproducción, distribución, comunicación pública o transformación de esta obra solo puede ser realizada con la autorización de sus titulares, salvo excepción prevista por la ley. Diríjase a CEDRO (Centro Español de Derechos Reprográficos, www.cedro.org) si necesita fotocopiar, escanear o hacer copias digitales de algún fragmento de esta obra.

Sumario

Créditos   4

Proyecto de Constitución para la Isla de Cuba de Joaquín Infante   9
    Introducción   9
    Artículo primero   10
    Advertencia   47

Constitución de Guáimaro de 1869   49

Constitución de Baraguá   53

Constitución de Jimaguayú de 1895   55

Constitución de La Yaya de 1897   61
    Título I. Del territorio y la ciudadanía   62
    Título II. De los derechos individuales y políticos   62
    Título III. Del Gobierno de la República   64
    Título IV. De la Asamblea de Representantes   70
    Título V. Disposiciones generales   72

Constitución Autonómica de 1897   75
    Artículos adicionales   75
    Título primero. Del Gobierno y Administración de las islas de Cuba y Puerto Rico   76
    Título segundo. De las Cámaras Insulares   76
    Título tercero. Del Consejo de Administración   77
    Título cuarto. De la Cámara de Representantes   80
    Título quinto. De la manera de funcionar las Cámaras Insulares y de las relaciones entre ambas   81

Título sexto. De las facultades del Parlamento Insular	85
Título séptimo. Del Gobernador General	89
Título octavo. Del régimen municipal y provincial	95
Título noveno. De las garantías para el cumplimiento de la Constitución Colonial	97

Constitución provisional de Santiago de Cuba o de Leonard Wood de 1898 — 103

Libros a la carta — 107

Proyecto de Constitución para la Isla de Cuba de Joaquín Infante

Introducción

Emancipada la América por la separación de la dinastía de Borbón del trono de España, y ocupación de éste por otra dinastía, respecto de la cual no hay vínculos que obliguen a la continuación de una sujeción, que además fue siempre opresiva, es consiguiente haber adquirido el poder de establecer la forma de Gobierno que ajuste mejor a su felicidad, y que una vez adquirido no puede cesar, aún cuando se repusiera el sistema anterior.[1] En tales circunstancias, la isla de Cuba tiene un derecho igual a los demás países de América para declarar su libertad e independencia, y elegir entre sus habitadores quienes la gobiernen en sabiduría y justicia, impidiendo a un mismo tiempo los males de la anarquía y del despotismo, que se hacen sentir hoy con más fuerza que nunca.

El amor a mi Patria me hizo trabajar el Proyecto de Constitución que sigue, y que creo el más acomodado a los intereses de tan precioso territorio; porque para promoverse su fomento, deben disminuirse sus cargas, y esto no podrá conseguirse sino por la simplicidad de la organización, y por la reducción de los funcionarios.[2] Para la perfección de esta grande obra me pareció preciso cortar de raíz las instituciones perjudiciales y abusivas introducidas por los Españoles durante su dominación; pues los medios lentos y paliativos

---

1 *In perpetuum enim sublata obligatio non potest.* L.98.ff. *de solutionibus, et liberationibus.*

2 Juan Santiago Rousseau ha demostrado, que cuanto más numerosos son los Magistrados, tanto más débil es el Gobierno. Contr. Soc. lib. 3. cap. 2.

no harían sino aliviar y prolongar las dolencias, y no las remediarían de una vez, conservándolas, y haciendo recaer siempre en su estado fatal, o quizá reagravándolo.

Malogrado el conato que dio motivo a este Proyecto, a lo menos me lisonjeo haber procurado la regeneración de mi Patria, y espero todavía que pueda servirle, si la Providencia se digna facilitar una empresa la más conforme a sus altos designios, por más que los tiranos se opongan:

Título primero. Del Estado

El Estado de la Isla de Cuba se compondrá de los Poderes Legislativo, Ejecutivo, Judicial, y Militar,[3] que equilibrándose entre si constituyan una forma de Gobierno templada, por una proporción capaz de prevenir inconvenientes ruinosos.

Artículo primero

Título. II. Del Poder Legislativo

2. El Poder Legislativo se ejercerá por un Consejo de seis Diputados; a saber, uno por La Habana, otro por San Antonio, Santiago, y Bejucal, otro por Guanabacoa, Santa María del Rosario, Jaruco, y Matanzas, otro por los cuatro Lugares,

---

3 Aunque los Políticos sujetan la fuerza armada al Poder Ejecutivo, me ha parecido conveniente hacer de ella un Poder distinto en una Isla, que pudiendo ser invadida por muchos puntos excéntricos en una pequeña latitud, y agitada en los de fortificación, concurrencia, o agricultura, es preciso dedicarse constantemente a su defensa exterior, y a su conservación interior, a que no podría estar siempre atento el Poder Ejecutivo por la grande extensión de sus atribuciones, y que los Jefes del Poder Militar tendrán exclusivamente por objeto el ejercicio de este importante ramo de la administración, al que deben darse todos los ensanches que exija la seguridad pública, y la perfección de que es capaz.

otro por Puerto-Princípe, Bayamo y Guisa, y otro por Santiago de Cuba, Holguín y Baracoa, inclusas las jurisdicciones respectivas. Si después se erigieren en Villas y ciudades otras Poblaciones se agregarán a las expresadas, o podrá aumentarse el número de Diputados.

3. El nombramiento de los seis conviene se haga en La Habana provisionalmente por una reunión de hombres buenos y de juicio, que pueda facilitarse en el momento de una revolución, cuidándose no obstante en estas circunstancias de que recaiga en Americanos blancos, naturales o vecinos de los países referidos, si los hubiere capaces; y si no, en otros que siendo Americanos blancos y capaces, tengan su naturaleza, o vecindad en cualquier parte de la isla, de treinta años de edad, y que no se hallen incursos en delito grave.

4. Así los Americanos blancos naturales, o vecinos de la isla tendrán la voz pasiva en las elecciones, y ejercerán los otros Poderes.

Los No-americanos de todas clases, establecidos o naturalizados, tendrán juntamente, con los Americanos de todas clases, naturales o vecinos, la voz activa en las elecciones de su domicilio; y en él concurrirán los blancos a los empleos civiles, y ellos, y los de color libres a los militares de su respectiva clase.[4]

---

[4] La Política dicta que en nuestros Estados se excluya de la Supremacía a los del otro Hemisferio, por la oposición de intereses, de sentimientos y aun de pasiones que necesariamente ha de asistirles respecto a nuestra emancipación, y sus consecuencias. La misma Política dicta la exclusión de la gente de color a la Supremacía, empleos civiles y militares de la clase blanca. Sin necesidad de otras razones, las desgracias acaecidas en Surinam, y en las costas de la Guayana holandesa, en las islas francesas de barlovento, en Santo Tomas y Curazao, en la Jamaica, en la Carolina, en la Georgia, y Nueva Orleans, y aun los movimientos con que ha sido amenazada la isla de Cuba, convencen que no es de esperarse una combinación permanente entre los blan-

5. Establecido ya un nuevo orden de cosas, sea para la ratificación o renovación de los Diputados, o elección y renovación de Suplentes para los casos de muerte, ausencia o delito grave, la forma será la siguiente.

Avisándose seis meses antes por el consejo constituido a los Jueces civiles que se hallen entonces en función, o a los que deban sustituirles en cada uno de los Lugares fuera de la jurisdicción de La Habana, convocarán a los ciudadanos de edad mayor, exentos de crímenes, y cuyas propiedades lleguen en La Habana a un valor igual al de cien mil pesos, en Trinidad, Puerto-Princípe, y Santiago de Cuba al de treinta mil, en Matanzas, Sta. Clara, y Bayamo al de veinte mil, en Guanabacoa, S. Juan de los Remedios, y Santo Espíritu al de diez y seis mil, y en los demás Lugares al de ocho mil.[5]

---

cos y la gente de color, mucho menos para dividirse el Gobierno sin disturbios.

Fuera de que, no habiendo acepción de personas en la distribución de la justicia; siendo ademas defensores de la Patria unos y otros, y teniendo el derecho de sufragio activo, honores que los Romanos economizaron tanto, gozan proporcionalmente de las ventajas de Ciudadanos a menos costa; no siendo los empleos públicos en los Estados bien gobernados, sino una carga. Al fin todas las especies de Gobierno son susceptibles de más o menos, y tienen también mucha latitud, pudiendo ocupar todo un pueblo, o limitarse a la mitad, o de la mitad hasta el más pequeño número indeterminadamente.
Rousseau, Contr. Soc. lib. 3, cap. 3.

5 Los propietarios son sin duda el apoyo de un Estado, los que se interesan preferentemente por su felicidad, y por tanto los más distantes en engaño y corrupción en la elección de Mandatarios.
En Atenas tenían derecho de sufragio activo por clases los ciudadanos, cuya herencia producía desde quinientas medidas de trigo, o aceite hasta menos de doscientas. En Roma lo tenían gradualmente, y también por clases, aquellos que poseían de cien mil ases abajo. Según las Constituciones francesas de 1791, y del año 3 de la República, era necesario para elector en las ciudades de más de seis mil almas ser propietarios, usufructuarios, o lacatarios de un equivalente

En la convocatoria se señalará un término breve, y los que se juntaren el día prefijado darán su sufragio a dos sujetos, los que crean más a propósito para Diputado, y Suplente, de las cualidades que expresa el **artículo 9**.

Se hará un escrutinio, y los que resulten tener más número de sufragios serán candidatos. En caso de singularidad se repetirán los sufragios, y en caso de igualdad decidirá la suerte.

Los Jueces civiles darán cuenta inmediatamente al Consejo constituido de los candidatos que hayan resultado. El Consejo entonces por un nuevo escrutinio sacará de entre los candidatos nombrados por cada lugar elector un Diputado para los que corresponda, según el orden establecido en el **artículo 2**, y un Suplente para los casos señalados ya.

Si alguno de los Consejeros existentes fuere candidato no tendrá voz en el segundo escrutinio. Lo mismo se entenderá de los Suplentes, si se hallaren en función.

Respecto de La Habana, como por la preponderancia de su población no esté unida a otro lugar, hecha la convocatoria en su jurisdicción de orden del Consejo constituido, bastará un solo escrutinio por los Jueces civiles para la elección, que será también por mayoría de sufragios, repetidos hasta que la haya, y por suerte en caso de igualdad.

Si renunciaren los electos se procederá a nueva elección hasta que se verifique la aceptación, que en los Lugares deberá indagarse de cada candidato, por si fuere electo, antes de darse cuenta, a fin de que no haya demoras.

Los Jueces civiles, por quienes se practique la convocatoria, recepción, único escrutinio respecto de La Habana, y primero respecto de los demás Lugares, decidirán instruc-

---

al valor local de doscientos jornales, y en las ciudades de menos de seis mil almas de un equivalente al valor local de ciento y cincuenta.

tivamente, y sin grado, cualquier dificultad que ocurra en estos actos.

Los Diputados electos comparecerán sin perdida de tiempo a prestar juramento, y entrar desde entonces en el ejercicio de sus funciones, con cesación de los que fueren reemplazados. Lo mismo practicarán los Suplentes en su caso.

Los primeros Consejeros nombrados según el **artículo 3**, prestarán juramento sobre los Evangelios ante el Obispo o Clero, y los entrantes en manos de los salientes, así como los Ministros, Jueces Supremos, Estado Militar, y demás Empleados. Lo mismo se observará en las Villas y Ciudades respecto de los que se nombren estando en ellas. La fórmula será esta: "juro guardar la constitución, y las leyes, desempeñar, según ellas, el empleo que se me confía, y cooperar, cuanto sea posible, al bien y prosperidad de la isla de Cuba, con preferencia a mi interés privado".

6. Al Consejo pertenece el nombramiento de los que deben ejercer los Poderes Ejecutivo, Judicial y Militar de ejército, y Marina, de los individuos de Rentas, y demás Empleados: pertenece la creación de leyes civiles, y penales, su modificación, aumento, abolición, e interpretación, según las circunstancias: pertenece el examen, conservación o anulación de todo acto inconstitucional, arreglo del Culto, nueva imposición de derechos, o disminución de los impuestos, concesión de naturalizaciones, recompensas y privilegios; pertenece el batir moneda, o establecer papel-moneda, declarar la guerra, mantener, o expedir ejércitos, y armadas, despachar patentes de corso, ordenar represalias, hacer tratados de paz, alianza, amistad, neutralidad, y comercio con las otras Potencias, aprobar o desaprobar.

Optar medidas sobre todos los ramos públicos, residenciar, y juzgar a sus miembros, a los Ministros, Jueces Supremos, Estado Militar de Ejército y Marina, Obispo, y Vicario general, perdonar, excepto en las acusaciones de traición,[6] y ejercer cuanto pertenezca al Soberano, conforme a la Constitución y Leyes que estén en observancia.

Título. III. Del Poder Ejecutivo

7. El Poder Ejecutivo se ejercerá por un Ministerio de tres, a saber, un Ministro de Guerra y de Marina, un Ministro de Rentas, y un Ministro de lo interior.

8. A cada uno de los Ministros toca en la extensión de sus atribuciones cumplir cuanto le comunique el Consejo, promulgar sus deliberaciones en los cuatro días siguientes a la emisión, despachar en su nombre, y presenta que conciba útiles: también les toca reclamar a aquellas prevenciones del Consejo que puedan atraer inconvenientes de gravedad; pero si se ratificaren después de un examen, o discusión, que le es permitido sostener, están obligados al cumplimiento: y toca, en fin, a ellos cuanto concierne al Príncipe.

9. El Ministro de Guerra y de Marina, junto con el Estado Mayor Militar, y Comandante de Marina, formará reglamentos para el mejor gobierno de uno y otro ramo, y los pasará al Consejo para su adopción, o repulsa. Recibirá Embajadores, y Cónsules, expedirá los que nombre el mismo Consejo, y firmará los tratados con las otras Potencias. Por su conducto prevendrá el Consejo lo que convenga a los Jefes del Estado Mayor, y Marina.

10. El Ministro de Rentas, de acuerdo con el Colector, Tesorero y Administrador principales, formará también reglamentos para el buen manejo de las Rentas, y los pasará

---

6 La Constitución de los Estados-Unidos de Norteamérica da esta facultad al Presidente; siendo así que es privativa de la Soberanía del Pueblo, representada por el Poder Legislativo.

al Consejo para su adopción, o repulsa, se entenderá con los Empleados en este ramo, y les comunicará las órdenes del mismo Consejo.

11. El Ministro de lo interior propondrá al Consejo cuantas medidas contribuyan al fomento y prosperidad de la isla, tales como abertura y composición de caminos, construcción de canales, puentes y acueductos, establecimiento de poblaciones en los puntos convenientes, demolición, o traslación de las establecidas, extensión de la agricultura, comercio, industria, ciencias, y artes, reglas para el aseo, orden, seguridad, y salubridad públicas, &c., se entenderá con el Clero, y Juzgado de Policía en lo dispositivo, y económico; y por su conducto se dirigirán los recursos extraordinarios al Consejo.

Título. IV. Del Poder Judicial

12. El Poder Judicial se ejercerá por un Tribunal de seis Jueces, quienes oirán apelaciones en lo civil, y conocerán de todos los juicios en que se reclame la violación de las formas, o la contravención expresa de la Ley.[7] Las decisiones quedarán ejecutoriadas no interponiéndose apelación, o demanda en casación del término legal, o concluyéndose una, u otra.

13. Habrá en La Habana un Juez de Policía, que cuide del orden, salud, aseo, y sosiego públicos, y otro de Paz ante quien deban acudir las partes con preferencia en los negocios civiles de gravedad a fin de procurarse su conciliación por transacción, o arbitramento, y en los de poca importancia para su decisión. Las providencias correccionales del Juez de Policía en materia grave serán apelables ante el Tri-

---

[7] Conviene en parte con la Constitución francesa del año 8, y las anteriores después de la revolución de Francia.

bunal Supremo; y sin una certificación de inconciliación del Juez de Paz no podrá admitirse un juicio civil considerable.

14. Habrá en La Habana dos Jueces civiles que conocerán en primer grado de las causas civiles de todos los ciudadanos, y dos criminales para instruir los hechos delincuentes que ocurran, aprehender los reos, secuestrar sus bienes en los casos del **artículo** 98, y formar las listas para el sorteo del *jury*.[8]

15. Extra-muros, y en las demás Villas y Ciudades bastará un Juez civil con funciones de Juez de Paz, y un Juez criminal con funciones de Juez de Policía.

16. En los Partidos, y Poblaciones pequeñas habrá jueces rurales que cuidarán de promover la agricultura, aderezar los caminos y situaciones, evitar desordenes, vigilando sobre la conducta de padres, hijos, esclavos, y demás que residan en los campos, o caserías, e instruir las ocurrencias criminales, aprehendiendo a los reos, secuestrando sus bienes en los casos del **artículo** 98, y remitiéndolos con el proceso al Juez criminal de la Jurisdicción.

17. El número de Abogados se fijará a treinta en La Habana, a nueve Extra-muros, a doce en Puerto-Princípe, a diez en Bayamo, y Santiago de Cuba, y a cuatro o seis en los demás Lugares. De su seno se elegirán los Jueces Supremos e inferiores, aumentándose el número si fuere menester. Les sustituirán en todos los casos de interinidad, e inhibición por mayoría de edad, y su examen y recepción pertenecerá a los mismos Jueces Supremos.

18. En los Lugares mayores de la isla habrá dos Notarios públicos, uno para guardar los procesos concluidos, y des-

---

[8] Esta admirable institución del *jury*, como la llama el Ciudadano Perreau en sus *Elementos de Legislación natural*, se halla en uso en Inglaterra, en Francia, y en los Estados-Unidos de Norteamérica.

pachar los extractos, copias, o certificaciones que ordenen los Jueces, y otro para registrar los instrumentos, cuya extensión será breve y precisa. En los Lugares menores bastará uno que reúna ambos encargos.

Título. V. Del Poder Militar

19. El Poder Militar de Ejército se confiará a un Estado mayor compuesto de un General en Jefe, un Mariscal de Campo, y dos Brigadieres.

20. El Estado mayor cuidará de levantar batallones o regimientos, según el número de la población, desde la edad de quince años hasta la de cincuenta y cinco, en todas las clases de blancos, pardos, y morenos libres, sin otra excepción que un carácter público actual o anterior de Supremacía, y ocupación en el ministerio de la Iglesia, eligiéndose los que tuvieren caballos para la caballería, y los demás para la infantería, con distribución proporcional de artilleros, minadores, ingenieros, granaderos, fusileros, &c.

21. La instrucción en los ramos científicos dependerá del establecimiento de escuelas militares en La Habana, y Santiago de Cuba bajo la conducta de facultativos, con sueldo y grado de Coroneles. Otros facultativos con el mismo grado y sueldo serán directores, y celadores de las obras públicas, y de fortificación o ataque.

22. Los cuerpos de milicias serán disciplinados según la táctica moderna. Se buscarán buenos maestros, y se pagarán por el Tesoro público. Se procurará colocar en cada compañía, o cuerpo a los individuos de un mismo Partido o Población, y se señalarán tiempos por gradación, y con intervalos para el aprendizaje, y ejercicios, todo a fin de no perjudicarse a la agricultura, comercio, y artes. Las divisiones, y compañías se reducirán a un número menor, y se aumentará el de

los Oficiales, y Jefes para facilitarse el adelanto y perfección. Los Oficiales responderán de las Compañías, los Coroneles, y Comandantes responderán de las divisiones o Cuerpos, y el Estado mayor nombrará cada seis meses sujetos de su confianza para revistar las Tropas en La Habana, Extramuros, Castillos, y demás Lugares.

23. Los Coroneles de los Cuerpos blancos, Comandantes de pardos, y morenos, y Oficiales de unos y otros serán nombrados por el Consejo, quien escogerá para estos empleos personas pudientes, a propósito, y de concepto. Los Subinspectores, Ayudantes, y Garzones blancos de los cuerpos de color quedarán suprimidos, y se sujetarán inmediatamente, como los de blancos al Estado mayor.

24. El Estado mayor organizará una guardia cívica de la clase blanca para La Habana, Castillos y Poblaciones de la isla. Esta guardia será pagada perpetuamente por el Tesoro público; pero las milicias no tendrán sueldo alguno sino en caso de invasión o ataque, que serán empleadas en el número suficiente. El mecanismo, disciplina, y reunión en los casos urgentes, con cuanto más concierna al ramo de guerra, se dispondrá en el reglamento a que se refiere el **artículo 3**.

25. En La Habana, Extramuros, Castillos, y Lugares de la isla habrá un Comandante militar para la guardia cívica, cuyo número será proporcionando a población, y a la posición local. El carácter de los Comandantes será el de Coronel en La Habana, Morro, Cabaña, Puerto-Príncipe, Bayamo, y Santiago de Cuba; el de Teniente Coronel en el Morro del mismo Santiago de Cuba, Trinidad, Guanabacoa, Matanzas, Castillo del Príncipe, y Extramuros; y el de Capitán en las demás Villas, Fortalezas, y Ciudades. El sueldo corresponderá a las graduaciones.

26. En todos los Lugares de la isla estará a disposición de los Jueces de Policía un destacamento de la guardia cívica para la seguridad, y orden público, quienes lo distribuirán, y emplearán, como crean más conveniente, y otro a la de los Ministros, Jueces Supremos, inferiores, y demás Empleados, a fin de auxiliar sus deliberaciones y providencias.

27. No conviniendo por ahora otra Marina que la mercantil, se permitirá la construcción de bajeles en los puntos a propósito, sin perjuicio no obstante de la cultura, cría de ganados, y maderas de tinte, y obras. Pero deberá también establecerse una pequeña Marina de guerra para el resguardo de las costas, seguridad de los puertos, correos y celo del contrabando. Bastará, pues, en La Habana un Comandante de Marina con sueldo, y grado de Capitán de Navío, dos bergantines, y cuatro goletas de guerra, ocho lanchas cañoneras, y el número preciso de Oficiales, y gente de mar; y un Comisario en Santiago de Cuba con grado, y sueldo de Capitán de Fragata, dos goletas de guerra y cuatro lanchas cañoneras. También habrá lanchas cañoneras mandadas por Oficiales en Batabanó, Trinidad, Santa-Cruz, Manzanillo, Baracoa, Gibara, Nuevitas, Matanzas, y Mariel. Los demás buques, y pertrechos que haya en la isla podrán venderse a beneficio del Erario, o aprovecharse en otros usos.

28. El mando de un Ejército, Armada, u otra comisión importante de esta clase se confiará temporalmente a quien fuere suficiente para el desempeño, como no se infiera daño a la Patria.

Título. VI. De la administración de Rentas

29. Para el manejo, y arreglo de las Rentas públicas habrá en La Habana un Colector principal, que exigirá y recaudará los derechos, contribuciones, y adquisiciones, un Tesoro princi-

pal en quien se depositen, y un Administrador principal, que ordenará los pagamentos, e inversiones, Extra-muros, en Villa-Clara, Matanzas, Trinidad, Puerto-Príncipe, Bayamo, y Santiago de Cuba habrá dos, a saber, un Colector-Tesorero particular, y un Administrador particular: en las demás Villas, y Ciudades uno. Estos rendirán cuenta cada seis meses al Colector, Tesorero, y Administrador principales, y estos por sí, y por aquellos al Ministro de Rentas, según el reglamento que se dispone en el **artículo 10**.

30. Los derechos consistirán en cuatro reales anuales por cada esclavo de campo, en veinte pesos también anuales multiplicados por cada esclavo de la población que exceda el número de cuatro de servicios, o jornal, y en los mismos veinte pesos anuales multiplicados por cada volante que exceda el número de dos, a fin de evitarse los perjuicios que atraen, la multitud de esclavos separados de la agricultura, que es el objeto por que se introducen en América, y la abundancia de carruajes, que embarazan en los puntos de concurrencia, y descomponen el piso. Se cobrará el 15 % de importación de los artículos que no fueren de necesidad, y el 5 % de los frutos que se exporten.

Se exigirán anualmente cincuenta pesos en La Habana, y veinte y cinco en los demás Lugares a cada cosa pública de juego, y veinte y cuatro pesos en La Habana, y doce en los demás Lugares a cada tienda de las artes de superfluidad, y de luxo, como son las de sastres, peluqueros, perfumadores, barberos, plateros, joyeros, relojeros, modistas &c.

Podrá también imponerse algún derecho sobre las mismas cosas muebles o inmuebles de superfluidad y de lujo, o sobre su uso. Se establecerán tres clases de papel sellado para cada bienio, el primero de a doce reales para los testimonios, copias, o extractos de actuaciones, e instrumentos;

el segundo de a cuatro reales para los registros, y negocios civiles; y el tercero de a dos reales para las causas criminales. Cuando haya fondos suficientes se comprará y hará labrar tabaco por cuenta del Erario, pagándose a lo corriente la hoja y operarios, y manteniéndose las máquinas y edificios necesarios, sin más costos ni aparatos, que los que haría un particular, a fin de sacarse las ventajas posibles. Lo mismo podrá practicarse en igual caso respecto de otros ramos de industria.

A los regatones se cobrará el 3 % en las recompras mayores para menudear al público, y el mismo derecho se impondrá sobre los terrenos vacantes al redimir por la mitad del valor principal; pero no se recaudará hasta que no estén cultivados, y en producción. Se aplicará al tesoro público una parte del producto de bienes amortizados que se consoliden, y las multas, confiscaciones, adjudicaciones, y ocupaciones.

En los casos urgentes se recurrirá a capitaciones, empréstitos, o nuevas imposiciones.

31. Para el cobro de derechos se exigirán por los individuos de Rentas relaciones, y manifestaciones juradas de los propietarios, cargadores, introductores, vendedores, compradores, consignatarios, &c.

Los mismos individuos de Rentas acumulativas harán pesquisas, y emplearán todas las medidas que conduzcan al esclarecimiento en cualquier caso, castigado a los defraudadores, y cómplices con la pena del cuádruplo, a más de la aflictiva según las circunstancias. Los procedimientos se instruirán bajo la dirección de Asesor, con arreglo a los principios judiciales que en general designa la Constitución.

32. Se prohibirá la exportación de numerario, obligándose, para evitar toda clandestinidad, a los introductores de

mercancías a convertir en frutos del pais todo el producto.[9] El celo en esta materia estará a cargo de los individuos de Rentas, y de Marina, quienes tomarán cuantas providencias convengan a la exactitud, y las aprehensiones serán confiscadas, sin perjuicio de mayor coerción, en el orden que indica el **artículo** precedente.

33. Consecuente a lo dispuesto en el **artículo** 30 quedarán abolidos los diezmos,[10] estancos, alcabalas, y demás gravámenes del anterior Gobierno.

34. Los deudores al anterior Fisco quedarán solventes dando la cuarta parte al Fisco actual. Este cubrirá las responsabilidades de aquel que procedan de ocupación de propiedades o bienes no indemnizados, no otras.

Título. VII. De la Religión

35. La Religión Católica será dominante; pero se tolerarán las demás, por el fomento, y prosperidad que proporciona a la isla la concurrencia de hombres de todos países, y opiniones. Siendo dominante forma, desde luego, una de las ramas del Estado, y se sujeta a la Constitución.

Ademas, para evitar cargas superfluas al Tesoro público, y a los Ciudadanos, y a fin también de restituir la Religión a la sublimidad, y sencillez con que la distinguió su Divino Autor, hay necesidad imperiosa de corregir los abusos,

---

9 Igual medida adoptó la Inglaterra en tiempo de Enrique VII.
10 Santo Tomas enseña que la obligación a contribuir para la subsistencia del Culto, y sus Ministros es de derecho natural y divino; pero que la cuota proviene de instituciones eclesiásticas; de manera que, aunque se exija la décima parte de las producciones, atendidas las circunstancias de los tiempos, y de las personas, puede sustituirse otra porción. 2.2, q. 97. Art. 1.

e innovaciones añadidos a la disciplina y culto exterior, sin tocar a la moral, ni al dogma.[11]

36. Con tal objeto deberá subsistir un solo Obispado para toda la Isla, y suprimirse el Arzobispado, Catedrales, Religiones de ambos sexos, Ordenes terceras, Hermandades, Cofradías, Qüestas, &c.[12]

11 Dentro de la Iglesia, y de un Reino Católico reside la potestad suprema independiente de los Príncipes para resistir el uso de la disciplina, cuando perjudica verdaderamente al Estado; pero en el Imperio temporal no hay poder independiente que resista a las leyes del Soberano. Dictamen del Colegio de Abogados de Madrid sobre las tesis de Valladolid, inserto en la Real Provisión de 6 de Setiembre de 1770.

12 Con conocimiento de la Silla Apostólica, se han hecho iguales reformas en Alemania, Italia, Francia, y últimamente en España. A este intento merece transcribirse la respuesta del Príncipe de Kaunitz, de 19 de Diciembre de 1781 al primero, y segundo punto de la representación del Nuncio de S.S. en Viena, del 12 anterior, según la inserta el licenciado Covarrubias en el Apéndice a sus *Máximas sobre Recursos de Fuerza, y Protección*.

"Que la reforma de ciertos abusos introducidos sucesivamente en objetos de disciplina Eclesiástica, lejos de causar perjuicio a la Religión, debe precisamente serla muy útil, respecto a que ninguno de estos abusos existía en la doctrina que el mismo Jesucristo enseñó a sus Apóstoles, ni tampoco le había cuando fue adoptada, y acogida con celo, y fervor, a causa de la pureza de sus máximas, y excelencia de su moral, por los príncipes, y por la mayor parte de las Naciones civilizadas; pues a no haber tenido este carácter, no hubiera sido tan universalmente recibida, ni jamas la hubiera admitido ningún príncipe, si una sola de sus máximas hubiera podido considerarse como equívoca, o contraria a la autoridad Soberana, o poco conforme a un buen Gobierno. Que la reforma de los abusos, que no miran a materias dogmáticas, y puramente espirituales, no puede depender del Sumo Pontífice, quien, a excepción de estos dos objetos, no tiene derecho de ejercer ningún acto de autoridad en el Estado. Que una tal reforma no puede por consiguiente pertenecer sino al mismo Soberano, que es el que únicamente tiene derecho, y potestad para disponer sobre este asunto. Que en esta categoría se puede comprender, sin excepción, todo lo concerniente a la disciplina externa del Clero, y principalmente a la de las Ordenes Religiosas, cuya existencia influye tan poco en la de la Iglesia, que puede esta subsistir tan plenamente sin ellas, y que, aun después de haberlas suprimido, subsistiría tan entera como lo estuvo antiguamente por espacios de tantos siglos antes que fuesen admitidas en más o menos número en los Estados de los Príncipes Católicos. Que no debiendo, como es notorio, su existencia en los Estados en que se hallan actualmente establecidas las Ordenes Religiosas, sino al libre, y voluntario consentimiento de los Soberanos, se deduce, que todo lo dispuesto hasta aquí por S.M. respecto de ellas, lo ha sido no solo en virtud de su derecho, y potestad, fundada en esta verdad inalterable, sino también en virtud de haberse creído obligado a hacerlo por precisarle a ello su potestad suprema, y particular en todo lo que no pertenece directamente al dogma, y a las cosa puramente espirituales: de donde se sigue también, que no debe dar cuenta, ni satisfacción a nadie en esta parte, y que el perjuicio que se supone debe resultar a la Religión, y a la Iglesia de estas disposiciones, no es en realidad más que pura imaginación. Que estando S.M. por la natural equidad que le anima, muy distante de emprender cosa alguna, que pueda perjudicar a los derechos de otro, ni aun le ha pasado por el pensamiento suprimir ninguno de los institutos Religiosos solemnemente aprobados por la Santa Sede; y este modo de pensar de S.M., que es muy notorio, debiera por lo menos haberle eximido de la sospecha de semejante designio; para lo cual hubiera bastado reflexionar que S.M. mira, y debe mirar con indiferencia, que exista, o deje de existir en los Estados de otros Príncipes este, o aquel instituto de las casas Religiosas. Que tuviese por conveniente suprimir en los suyos: pero así como S.M. no pretende ni pretenderá jamas arrogarse el ejercicio de la jurisdicción, legítimamente fundada del Papa, o de la Iglesia Universal en materia de dogma, y en cosas puramente espirituales; tampoco permitirá que ninguna potestad extraña quiera influir en las determinaciones, que son, o fueron incontestablemente del resorte de la suprema potestad privativa de su Soberanía, la cual comprende sin excepción, todo lo que en la Iglesia no es propiamente de derecho divino, sino de institución humana, y lo que no ha sido establecido, o no ha podido serlo, sino por concesión expresa o tacita de la suprema potestad: todas las cuales concesiones de este genero pueden, y deben ser modificadas, o abolidas por la legislación, a semejanza de cualquiera otra ley, y concesión, siempre que las razones de Estado, los abusos, o las circunstancias m lo requieran".

37. En La Habana habrá tres Templos, uno para cada clase, separado los sexos respectivos,[13] con ocho Curas, y dos Acólitos cada uno. Extra-muros se pondrán seis Curas, tres Acólitos, y un Vicario foráneo: en los Partidos mayores, dos Curas, y un Acólito, y en los menores un Cura, y un Acólito. En Puerto-Príncipe, Bayamo y Santiago de Cuba habrá dos Iglesias, una para los blancos, y otra para la gente de color, con cinco Curas y dos Acólitos cada una, y un Vicario foráneo. En los demás Lugares bastará un solo Templo con distinción de clases, y sexos, dos, o cuatro Curas, un Acólito, y un Vicario foráneo. Los Templos serán inmunes en los casos, y según el modo que la ley determine.

38. Los Eclesiásticos que quedaren sin ejercicio del ministerio Sacerdotal tomarán un destino honesto, con cuyo fin se dará a los poseedores actuales de Capellanías la cuarta parte de los principales, quedando la otra cuarta a beneficio del Fisco, y perdonándose la mitad a los inquilinos para facilitar las redenciones. A los Religiosos profesos se dará un capital del producto de la venta de bienes de los conventos, sin excluirse a los Mendicantes que carezcan de propiedad en común. A las Monjas se devolverán sus dotes; y a las que no los tuvieren se dará un capital del producto de la venta de bienes de los Monasterios; retirándose a casa de sus padres, parientes, o personas de buena fama en él mismo traje que las demás Ciudadanas.[14]

13   Esto lejos de ser odioso, como no lo es en los Cuerpos Militares, y en cuanto más concierne a una natural clasificación, impide choques, conspira a la armonía, y en nada hace variar la esencia de la cosa. En los templos católicos de los Estados-Unidos de Norteamérica se observa una distribución de clases semejante.

14   "El Estado eclesiástico, y Religiones ha crecido de algunos años a esta parte en número de personas, fundaciones de Iglesias y Monasterios, capellanías y dotaciones de obras pías, posesiones de bienes

39. Los empleados de rentas cuidarán de recoger por inventario todos los efectos de Iglesias, Conventos, Cofradías &c. Se harán cargo de sus bienes y rentas, y tomarán cuenta exacta a los administradores, sindicos, y personeros. Harán también que se convoque a los vecinos de las islas de Nueva Providencia, y Jamaica, y a los de Vera-Cruz, y Norte-América, con designación de término, para que concurran, si quieren, a comprar haciendas, o bienes de los Monasterios, Conventos, e Iglesias, con rebaja de su precio, sin perjuicio de los habitadores de la Isla, y con preferencia siempre del contado a los plazos, aunque se afiancen.

40. El Tesoro público proveerá lo necesario a la Fabrica de las Iglesias, y los efectos de éstas que excedan la moderación del Culto se adjudicarán a aquel.

41. En los Curatos se procurará colocar preferentemente a los Sacerdotes beneméritos, que no tuvieran Capellanías o

> raíces, juro y rentas, de manera que en gente es muy numeroso, respecto al Estado seglar, que en los mismos años se ha disminuido; y en substancia de hacienda tienen la mejor parte del Reino.
> Y al paso que lleva por mandas y fundaciones de obras pías, que tanto se usan, y por meterse en las Religiones los hijos, e hijas de hombres ricos, y llevar sus legitimas, y no se le pone limite, regulando cuarenta años venideros por otros tantos pasados en ellos, vendrán a ser bienes eclesiásticos, y se convertirán en espirituales los raíces, que pueden ser de provecho, y los juros y rentas, que no estuvieren incorporados en mayorazgos, con que jamas saldrán de este estado. Y puesta en el, y en los mayorazgos la hacienda y substancia del Reino, se estrechara y disminuirá el pueblo, nervio y principal alimento de la República; de suerte que se dificultara mucho su reparo, y muchos hombres, con el aprieto de la necesidad, por no tener haciendas propias en que vivir, y sustentarse, dejan sus tierras y naturalezas; lo que no harían si las tuviesen, que el amor de ellas los detendría en su crianza y labranza con beneficio general del Reino". Discurso hecho por don Diego Arredondo Agüero a principios del reinado de Felipe IV sobre restablecimiento de la Monarquía Española.

Patrimonios, y que por consiguiente no deben percibir capital en la extinción de amortizaciones.

Lo mismo se practicará a su vez respecto de los Sacerdotes queden sin ejercicio, y entretanto el Obispo no podrá hacer órdenes.[15]

42. En el ejercicio del Culto se observará para lo sucesivo la mayor dignidad, no admitiéndose otros actos, ceremonias, o signos que los aprobados por la Iglesia Universal. Siendo el pais tolerante, el Viático, y la Extremaunción se llevarán en secreto para evitarse irreverencias. Los días festivos se reducirán, o trasladarán a los Domingos, a fin de desterrarse la holgazanería y alentarse la actividad en un pais que para ser feliz debe ser esencialmente laborioso.[16]

43. Los Curas dirán Misa los Domingos en los Templos, Cárceles, Hospitales, y Castillos, predicarán el Evangelio, administrarán los Sacramentos, consolarán a los moribundos, y reos de últimos suplicio; y así ellos como los demás Eclesiásticos darán el ejemplo de todas las virtudes. Bajo de ningún título o denominación podrán admitir ni cobrar emolumentos, sino es por los funerales en razón de pompa.

44. La Potestad Eclesiástica se reducirá a lo espiritual, a lo económico del Culto, y a la disciplina.[17] Los Eclesiásticos fue-

---

15 Constantino prohibió ordenar mientras hubiese algún clérigo de número establecido. L. 6, Cod. Teod. de Ep. Et. Cler. lib. 16.
16 Véase la *Empresa 71*, de Saavedra, el discurso I. tom. 6 del *Teatro Crítico*, del Padre Feijoo, y la Nota 2 del discurso sobre el *Fomento de la Industria Popular*.
17 El Conde de Florida-blanca en *Papel Fiscal sobre el Expediente de Cuenta*, advierte que la Iglesia en los tres primeros siglos no era menos fuerte, ni menos poderosa respecto del genero de potestad que pertenece naturalmente a la jurisdicción espiritual, que lo ha sido y es después que la protección de los Emperadores, y Príncipes Cristianos la han proporcionado un auxilio extraño.

ra de estos puntos serán comprendidos en las Leyes comunes a todos los Ciudadanos.[18]

El Obispo procederá a la celebración de una Sínodo que se conforme al nuevo Gobierno, la que pasará al Consejo para su adopción, o repulsa.

Al mismo Obispo pertenece el nombramiento de Vicario General, y a uno u otro el de Curas, Vicarios foráneos, &c. El Obispo podrá mantener un Clérigo Secretario, que le sirva al mismo tiempo de Maestro de ceremonias. El Vicario general puede mantener también otro Secretario Clérigo.

45. El Obispo será electo, según los antiguos cánones, por el Clero de la isla. El número de electores se determinará en la Sínodo. Hecha así la elección, y aceptando el electo pasará a ser consagrado por el Obispo más cercano, sin aguardar confirmación Pontificia por el perjuicio que puede seguirse a su Silla en la demora, atento a la distancia, y a las fluctuaciones a que ha quedado expuesta la residencia del Papa después de su separación de Roma.[19]

18   En aquellos días preciosos del fervor del Cristianismo (dice el licenciado Covarrubias en el discurso sobre la Real Jurisdicción) no se halla que ningún autor haya puesto, ni pensado poner en duda la potestad de los Emperadores sobre las personas consagradas a Dios. Los Clérigos, los Obispos, el mismo Papa comparecían en los Tribunales Seculares; se quejaban algunas veces de la violencia de las persecuciones; acusaban a los mismos Emperadores de injusticia; pero nunca hablaron una palabra de la incompetencia de los Tribunales Seculares; y al mismo tiempo que gritaban contra la iniquidad de las sentencias, reconocían la potestad de los Jueces que las pronunciaban.
19   En los principios de la Iglesia la elección de Obispo no necesito confirmación, como se ve de la de San Matías, que hecha por todos los fieles, le consagraron los Apóstoles. Posteriormente, no era subsistente mientras no la confirmaba el Metropolitano, y la de este, el Concilio Provincial, cuyos derechos se arrogaron después los Sumos Pontífices, como dice el Colegio de Abogados de Madrid en el dictamen sobre las Conclusiones de Valladolid. Así es que la elección, confir-

46. El Obispo visitará la isla cada tres años para administrar el Sacramento de la Confirmación, inspeccionar el Clero, y cuidar del Culto, y la disciplina.

47. Habrá para toda la isla un Maestro de Ciencias Eclesiásticas, y un Maestro de órgano y canto-llano, a fin de instruirse en estos conocimientos los que se dediquen a la carrera de la Iglesia. Si existen Clérigos aptos para el desempeño de ambos Ministerios serán preferidos a los legos.

Título. VIII. Disposiciones relativas a los funcionarios públicos, e individuos del culto

48. Los Consejeros deberán renovarse en el intervalo de seis años, y durante él llevará cada uno a su vez la Presidencia, empezando el mayor de edad, y siguiendo este orden sucesivamente, aun en el caso de suplemento; pero con reemplazamiento respecto del que entrare de nuevo.

Lo mismo se observará respecto de los Jueces Supremos; pero estos, los Ministerios, y los Jueces inferiores, cuyo periodo será también el de seis años, serán reelegibles indefinidamente, sin perjuicio de la residencia a que se contrae el artículo 54.

49. Los Miembros del Poder Militar, e individuos de Ejército, Marina y Rentas serán permanentes, salvo los casos de delito, o incapacidad.

Durante este examen serán reemplazados provisionalmente por sus subalternos inmediatos, o por quienes nombre el consejo, si diere tiempo el procedimiento. Se exceptúan los Miembros del Poder Militar, que deben ser juzgados por el

---

mación, y establecimiento en posesión son unos actos, cuya forma fue derivada del Derecho de Gentes, y si solo se atiende a su primer origen se puede decir que son de Derecho Humano: la Consagración toda es de Derecho Divino. Berardi, *Instituciones de Derecho Eclesiástico*, tit. 5, part. 2.

mismo Consejo según los artículos 6, y 52. Los demás serán procesados instructivamente por los Jueces criminales, dándose cuenta al Poder que corresponda.

50. Los Consejeros, y Suplentes serán reelegibles; pero para una tercera elección, deberá pasar el intervalo de seis años, o de una renovación.

51. Los Consejeros, y los Suplentes que hayan ejercido funciones no serán elegibles para otras que sean supremas.

52. Los Consejeros serán inviolables, lo mismo que los Ministros, y Jueces Supremos, excepto en los casos de traición, felonía, y perturbación pública. Por traición solo se entenderá hacer la guerra a la Patria, o asociarse a sus enemigos.[20] Siendo permanentes los Miembros del Poder Militar de Ejército, y Marina, el Obispo, y el Vicario general, serán juzgados por el Consejo en estos, y en los demás casos del **artículo 54**.

53. Se procederá por evidencia de hecho, o informes verídicos admitidos después del examen del Consejo a mayoridad de votos, quien nombrará entonces un Miembro que instruya el hecho, para cuya comprobación se necesitarán a lo menos cuatro testigos contextes de buena reputación, documentos irrefragables, o razones concluyentes.

El prevenido, si fuere Consejero, será reemplazado por su Suplente, lo mismo que los que fueran recusados con causa grave y manifiesta.

Las sentencias del Consejo serán irrevocables.

54. Todos los Empleados, excepto los Consejeros, serán residenciados sin recurso sobre el ejercicio de sus funciones dentro de sesenta días perentorios, y siguientes a la expiración. El Consejero residenciará a los Miembros de los Pode-

20 Conviene con la Constitución de los Estados-Unidos de Norteamérica.

res Ejecutivo, y Judicial, y el Tribunal Supremo a los demás. Los que gozan de inviolabilidad serán juzgados por el mismo Consejo sobre los delitos personales cometidos en el intervalo de sus funciones. Los Jueces inferiores, que durante él delincan gravemente, serán procesados por los criminales, y estos por Abogados, que sustituirán a unos y otros.

55. Los Miembros del Poder Ejecutivo que no cumplieren las providencias del Consejo, y los del Poder Militar que no auxilian la de los Poderes Ejecutivo y Judicial, y las de los otros Empleados que reclamen por el conducto de estos, serán juzgados hasta ser depuestos, y penados según los casos. Lo mismo se observará con los subalternos de unos y otros Poderes respectivamente.

56. El Consejo se juntará tres veces cada semana, y en los negocios de consideración siempre que se necesite y a cualquiera hora, tocando la convocatoria al Presidente. Sus sesiones serán públicas cuando haya discusiones o debates, las deliberaciones se sancionarán a mayoridad de votos, y no podrán anularse o sujetarse a nuevo examen sin el consentimiento unánime del Consejo, o a representación de los Empleados a quienes toque el cumplimiento bajo el apoyo del Ministerio, en los términos prevenidos en el **artículo 8**. Las Autoridades Supremas podrán proponer al mismo Consejo proyectos de leyes y de reformas, y hacer mociones saludables.

57. Los demás funcionarios despacharán diariamente desde la nueve de la mañana hasta las tres de la tarde, excepto los Domingos.

En los Cuerpos colegiados siempre tendrá lugar la mayoridad de sufragios, y la subsistencia de lo sancionado según ella.

58. El Consejo, el Ministerio, y el Tribunal Supremo tendrán Palacios con escolta. El Estado Mayor se congregará en la Posada del General; el Colector, Tesorero, y Administrador principales ocuparán las Oficinas públicas; y los demás Empleados despacharán en los lugares destinados o en sus casas, no habiéndolos.

59. El Consejo, y cada Ministro tendrán Secretarios con el número preciso de escribientes, lo mismo que el Tribunal Supremo, siendo su Secretario Relator al mismo tiempo. El Estado Mayor, y Comandante de Marina escogerán Oficiales de confianza para Secretarios, y el Colector, Tesorero, y Administrador tendrán dependientes para el despacho.

Los sueldos se designarán por el Consejo.

60. Cada Juez inferior tendrá escribiente a su responsabilidad para la extensión de las actas, que autorizarán el mismo Juez, las partes, testigos, peritos, y demás que intervengan en ellas. Cuando alguno no supiere leer, o escribir, leerá, y firmará por el otro de su confianza, o el Juez y el Abogado, si lo tuviere.

61. Todos los procesos serán verbales, y no se escribirá sino la solicitud, demanda, o deducción de acción, contestación, oposición de excepciones, pruebas, y demás esencial al juicio. Las alegaciones serán también verbales: las harán las partes si fueren capaces, y si no los Abogados, que serán al mismo tiempo Procuradores con poder bastante.

Si una de las partes quisiere dar informes por escrito, no alegará entonces verbalmente, ni habrá traslado de ellos, y la otra parte podrá hacer lo mismo, o solo hablar en estrados. Estando los testigos o documentos fuera del lugar del juicio, se concederá un término proporcionado; y se darán requisitorias; pero en estando dentro del lugar, no podrán durar los juicios civiles en primer grado, y los criminales, aunque se susciten articulaciones, más de dos meses.

62. Todos los Jueces serán recusables sin necesidad de expresar causas, bastando el juramento de no hacerse de malicia. Los inferiores en La Habana pasarán el conocimiento al compañero. Recusados ambos, y en los demás Lugares, los Abogados sustanciarán y determinarán en primer grado las causas civiles a costa de los recusantes, si la recusación no es motivada, pues siéndolo por impedimento del recusado las partes pagarán el sustituto con igualdad. En las criminales los Abogados mismos instituirán los hechos, y formarán las listas para el sorteo del *jury*, cuyas costas serán a cargo de los reos, no resultando inculpables absolutamente.

63. Las recusaciones respecto de los Jueces Supremos no excederán de tres, ni tendrán lugar sino en causas muy graves, cuyo artículo será perjudicial, y sobre él decidirán los Jueces no recusados antes de admitir, o no las recusaciones. Teniendo lugar la recusación se nombrarán Abogados que subroguen a los recusados, y se determinará la segunda instancia, o demanda en casación, oídos verbalmente, o por escrito los agravios y su contestación, guardándose conformidad al plan establecido en los **artículo** anteriores. La dilación de este juicio no pasará tampoco de dos meses.

64. En las causas criminales interrogado el prevenido, e instruido suficientemente el hecho, formará el Juez una lista de veinte y cinco vecinos imparciales, de treinta años de edad, exentos de crímenes, y que sean de buena fama, y sana razón. La hará leer el mismo prevenido para que se conforme con ellos, o tache a los que le parezca, sustituyéndose otros que no le sean sospechosos, y en su presencia se sacarán por suerte seis, quienes previo juramento de fidelidad, examen de lo actuado, y audiencia del prevenido o de su Abogado

decidirán a mayoridad de votos, si tiene o no lugar el procedimiento. En el primer caso continuará el Juez ampliándolo, y admitiendo las defensas legales que deduzca el prevenido, y ya en estado de sentencia formará en el mismo orden otra lista de veinte y cinco vecinos diferentes, quienes determinarán irrevocablemente, salvo el recurso de casación ante el Tribunal Supremo.

En el segundo caso el prevenido será restituido a libertad inmediatamente, y en ambos será siempre absuelto, si resultaren iguales los votos.

65. Las costas de los procesos se reducirán a los derechos de Abogados, peritos, escrito, y papel, y al emolumento del Notario de procesos, y se regularán a proporción del interés, o valor de lo que se dispute, al tiempo que se invierta, o al mérito del trabajo.

66. En los delitos públicos los Jueces criminales procederán de oficio por evidencia de hecho, o informes verídicos, no por delaciones, o débiles principios. Se exceptúa el caso de conspiración contra el Estado. Procederán también por acusación, a responsabilidad del acusador, si no probare, o resultare calumniosa su querella.

67. En los negocios civiles los individuos de la guardia cívica, y los de milicias serán juzgados como los demás ciudadanos por los Jueces civiles. En los criminales los de dicha guardia, y milicias cuando fueren empleados serán juzgados militarmente en cosas leves, o económicas por sus Coroneles, o Comandantes, y en cosas graves por el Estado Mayor conforme al Reglamento. Fuera de este caso los de milicias serán juzgados por los Jueces criminales como los demás Ciudadanos.

68. En las ocurrencias marítimas en alta mar, costas, y puertos, en las arríbidas, presas, represalias, &c. conocerán

los individuos de Marina con consulta de Asesor, yendo los recursos al Tribunal Supremo.

En lo civil y criminal respecto de los mismos individuos se observará lo dispuesto en el artículo anterior, conociendo el Comandante de los delitos graves según su reglamento, a quien se remitirá el proceso habiéndose evacuado fuera de La Habana la instrucción del hecho; y el Comisario, y Oficiales en los puntos de su comisión y destinos corregirán las faltas, y excesos leves.

69. Edificios cómodos, ventilados, y limpios servirán de cárceles en cada lugar de la isla, con separación de clases y sexos, y aun de los detenidos entre sí. Si no se ocupan en la lectura, escritura, y meditación, se les precisará a que trabajen estando sanos; y las obras de los que no tuvieren de que subsistir se venderán para que el producto ayude a la asistencia, que será siempre buena, tanto en comida y bebida, como en camas, medicina, &c. Los que no supieren un menester servirán a los enfermos, y serán empleados en las atenciones interiores de la cárcel.

Suponiéndose la seguridad necesaria quedarán prohibidas las cadenas, grillos, calabozos, y demás privaciones degradantes y aflictivas, siendo responsables los carceleros y guardia de las vejaciones, privaciones arbitrarias, y cualesquiera otros excesos que se cometan contra los detenidos.

70. Habrá también en cada lugar de la isla, con igual orden y asistencia, hospitales de hombres y mujeres para los enfermos e inválidos pobres de todos clases, y casas de expósitos.

71. Se harán cementerios generales donde no los haya: se establecerán en todas partes colegios o escuelas locales para ambos sexos: y ademas en La Habana y Santiago de Cuba institutos o escuelas centrales.

72. Se destinarán en todos los Lugares edificios para cuarteles, donde se fije la guardia cívica, y donde se reúnan los cuerpos de milicias, según sus clases, en las ocasiones urgentes y para los actos militares.

73. Las Comisarías para la provisión de Ejército, Marina, y Establecimiento públicos, así como su economía serán del resorte de los individuos de Rentas, bajo cuya dirección estarán también los correos terrestres, y los marítimos bajo la dirección de los individuos de Marina.

74. La Habana será la Capital de la isla. En ella residirán el Consejo, Ministerio, Estado militar, Tribunal Supremo, Comandante de Marina, Colector, Tesorero y Administrador principales, Obispo, y Vicario general; pero en caso de invasión o ataque, publicada la ley marcial, se encargará provisionalmente el Estado militar del gobierno de La Habana, y el Consejo y Ministerio pasarán su residencia con la escolta necesaria al Lugar que crean más seguro, desde donde comunicarán las órdenes convenientes al referido Estado, y éste pasará allí los avisos oportunos. Lo mismo harán el Obispo, y Tribunal Supremo.

En las demás poblaciones gobernarán los Comandantes militares en iguales circunstancias.

75. En caso de conspiración contra el Estado se suspenderán provisionalmente la Constitución y las leyes, y se tomarán las providencias que exija la seguridad pública.[21]

76. El luxo suntuario, el ocio, la mendicidad, y demás vicios serán reprimidos por las leyes, y por los Magistrados, a cuyo cargo estará promover la amelioracion de costumbres, y el fomento de las virtudes.

---

21 Conviene con la Constitución francesa del año 8.

Se cuidará mucho de la educación de los hijos, y de la conducta de los padres, así como de la conducta de los esclavos, y de los señores.

Con tal objeto los Jueces rurales, y de Policía harán visitas domiciliarias, examinarán ademas el destino y facultades de cada individuo, y dispondrán cuanto conduzca a mantener la moral y el orden con arreglo a los principios de una economía ilustrada.

77. El traje de los Consejeros será casaca y calzón de terciopelo verde con bordados de oro, chupa de tela de oro, espada y hebillas de oro: el de los Ministros casaca y calzón de seda morada con bordados de plata, chupa de tela de plata, espada y hebillas de plata: y el de los Jueces Supremos vestidos por entero de raso blanco con bordados de seda de color de acero, espada y hebillas de acero. Los referidos, y el General en Jefe tendrán el tratamiento de Excelencia. Ellos, y el Obispo unos mismos honores, y el sueldo de ocho mil pesos anuales.

78. El resto del Estado mayor militar, individuos de Marina de la guardia cívica, y de milicias tendrán los honores, tratamiento, y sueldos del anterior Gobierno. El vestuario se reducirá a una chupa en la infantería, inclusa la marina y cuerpos facultativos, y a una chaqueta en la caballería de paño azul con vueltas, collarín, y solapa de grana, pantalón del mismo paño azul con vivos también de grana, botas y sombrero negro o gorra, y plumaje o cucarda del tricolor de la bandera, botón, y chárratelas doradas en la infantería, y plateadas en la caballería; distinguiéndose las divisiones en el número y denominación grabados sobre el botón, y en alguna otra marca a los extremos del collarín, y en el doblez de la chupa en la infantería. El armamento, fornitura, y montura corresponderán a la nueva táctica.

79. Los empleados civiles llevarán un bastón con puño de oro, tendrán el tratamiento de Señoría, cuatro mil pesos anuales los de La Habana, y dos mil los de los demás Lugares y Partidos.

80. De los honores, distinciones, y tratamientos de que se hace mención en los artículos precedentes se usará en los actos públicos o de ceremonia, y en el ejercicio de las funciones; pero no en los demás de la vida privada.

81. Los Eclesiásticos fuera del Templo usarán igual traje que el común de ciudadanos. Sin embargo, en los actos públicos podrán llevar los Curas una estola morada o negra debajo de la casaca, y a más de ella el Obispo el pectoral, anillo, y muleta de oro; el Vicario general una caña con puño de oro; y los foráneos un junco con el mismo puño.

El Obispo conservará el tratamiento de Señoría Ilustrísima en los referidos actos: el Vicario general tendrá el sueldo anual de cuatro mil pesos, y el tratamiento de Señoría: los Curas de La Habana, y Maestros de ciencias eclesiásticas, y de órgano y canto llano dos mil pesos: los Acólitos mil: los Curas y Vicarios foráneos de los Lugares, y partidos otros mil: y los Acólitos quinientos.

Título. IX. De la revisión de la Constitución

82. Cuando todos los Poderes combinados juzgaren que hay necesidad de reveer la Constitución, y hacer en ella algunas mutaciones se expedirán órdenes por el Consejo para una convocatoria extraordinaria, a fin de que se nombren seis individuos distintos de sus miembros en los mismos términos que para la elección de estos se ha establecido en el artículo 5. Esta corporación, previo juramento de fidelidad, procederá al desempeño de tan importante objeto, oídas las razones de los mismos Poderes sobre los puntos de reforma que se

propongan; y evacuada su función quedará disuelta, promulgándose el resultado para la ratificación, que no verificándose dará lugar a una nueva convocación y elección hasta que tenga efecto.

Título. X. Disposiciones generales

83. A los intereses de la isla guardará correspondencia la observancia de los derechos y deberes sociales; a saber, los rigurosos y perfectos que se dirigen inmediatamente a la igualdad, a la libertad, a la propiedad, a la seguridad, y se contienen implícitamente en la máxima: abstente de hacer a otro lo que no quieras que se te haga; y los menos rigurosos y perfectos contenidos también implícitamente en la otra máxima: haz a los demás todo el bien que quieras que se te haga.

84. La igualdad será civil o de derecho.[22] Así en el orden político se observará la distinción de clases que queda establecida, llevando los blancos la prelación en cuya posesión se hayan por origen y anterioridad de establecimiento, siguiendo los pardos, y últimamente los morenos.

85. Se entenderán comprendidos en la clase blanca, precediendo matrimonio o sin él, los indios, mestizos, y aquellos que descendiendo siempre de blancos por linea paterna, no interrumpiéndose por la materna el orden progresivo de color, ni interviniendo esclavitud, se hallen ya en la cuarta generación. Para mayor claridad se explica el modo: hijo de blanco y negra libre, mulato: hijo de blanco y mulata libre, cuarterón: hijo de blanco y cuarterona libre, quinterón:

---

22 La igualdad de condiciones será siempre vana sin la igualdad de fortunas; y no pudiendo existir esta en el Estado civil después del establecimiento del derecho de propiedad, para acercarnos al natural cuanto sea dable no queda otro arbitrio que el de atacar la ambición y la avaricia, que producen ambas desigualdades, por leyes sabias y moderadas, según los principios que ha dictado Mably.

hijo de blanco y quinterona libre, blanco. En la clase parda se comprenderán desde mulato inclusive ascendiendo hasta quinterón exclusive; en la morena desde mulato exclusive retrogradando hasta negro.

86. Quedará abolida la ilegitimidad de nacimiento; y no habrá otra diferencia entre los hijos nacidos de matrimonio, y los nacidos fuera de él, que la de preferir aquellos a estos en la sucesión hereditaria,[23] que se fijará, en no pasando de tres hijos, a la percepción o distribución igual de las dos terceras partes de bienes paternos y maternos, quedando padre y madre en libertad de disponer por testamento de la otra tercera parte, como no tengan hijos fuera de matrimonio; pues en tal caso optarán estos por razón de alimentos, si no hubieren sido alimentados en vida, a dicha tercera parte íntegramente, o distribuida con igualdad siendo muchos. Habiendo sido alimentados carecerán de ese derecho; y la prueba de filiación fuera de matrimonio para hacerlo valer será plena, así como la de excepción de prestación anterior de alimentos.

En pasando de tres hijos de matrimonio, no podrán optar los hijos fuera de matrimonio sino a la cuarta parte; y de ella solamente podrán los padres disponer por testamento, en no teniéndolos. Ademas, estarán obligados a cuidar de la educación de los hijos, tanto de los habidos de matrimonio, como de los habidos fuera de él. Habrá reciprocidad en favor de los mismos padres, tanto de matrimonio como fuera de él,

23 Dos son las razones principales que alegan los que sostienen la opinión contraria: 1. contener los desórdenes de la poligamia y de la clandestinidad; pero semejante medio, aun cuando fuese eficaz, que la experiencia acredita no serlo, envolvería la injusticia de hacer sufrir a unos hijos inocentes la pena que podrían merecer unos padres culpables: 2. impedir la dilapidación patrimonial en perjuicio de hijos procreados bajo una unión tierna y social; pero este inconveniente se salva con la preferencia de sucesión que establezco.

respecto de los hijos, guardándose la proporción y reglas que según los principios que acaban de establecerse desenvuelvan las leyes.

87. Hasta los veinte años, a que se fijará la edad mayor en los hombres, y hasta los diez y ocho, a que se fijará en las mujeres, no podrán casarse unos y otros sin licencia de padres, parientes, o curadores.

Tampoco podrán confundirse las clases en los matrimonios, sea cual se fuere la edad; y se celebrarán primero como contratos ante los Jueces civiles, quienes determinarán instructivamente cualquier discusión preliminar, sin cuya habilitación no podrán los Curas elevarlos a Sacramento.

88. A la nobleza hereditaria, títulos, y condecoraciones del anterior Gobierno sucederán los privilegios personales, premios, recompensas, y pensiones a los Empleados públicos, a los que, sea cual se fuere la clase, se distinguieren en beneficio de la Patria, y a su posteridad siendo pobre.[24]

89. La esclavitud, mientras fuere precisa para la agricultura, continuará bajo principios conciliadores de equidad, justicia, y retribuciones.[25] Los esclavos que hicieren servicios

---

24 Juan Santiago ROUSSEAU observa que habiendo una gran distancia entre el monarca y el pueblo, para formar la trabazón de que carece entonces el Estado, es necesario poner rangos intermediarios, a saber, Príncipes, Grandes y una numerosa nobleza, nada de lo cual conviene a un Estado pequeño, a quien arruinan semejantes grados. Contr. soc. lib. 3. cap. 6.

25 Las producciones agrícolas son la que hacen la riqueza de la América, especialmente en las islas. Sin brazos no puede haberlas, y es constante que los blancos no bastan, no son tan a propósito como los negros, ni se dedican al trabajo sino dispendiosamente, de manera que aboliéndose la esclavitud, no solo serian perjudicados los propietarios, sino el Estado mismo con la falta de este manantial de prosperidad pública, y con la afluencia de unos individuos cuya mayor parte desertaría de su destino y se entregaría a los vicios al verse sin superioridad económica. Si se examina con detención la materia hay más

importantes a sus señores o al público adquirirán la libertad por ministerio de la ley; y los que no fueren dignos del derecho de ciudadanos no podrán redimirse por dinero, ni por consentimiento de los mismos señores. Los Jueces civiles decidirán sobre este punto con conocimiento de causa.

90. Las opiniones serán libres lo mismo que la prensa, con tal que no se ofenda al doma y la moral, al sistema de Gobierno, ni a los ciudadanos en particular.

91. A más de las capellanías se extinguirán los mayorazgos, vínculos, patronatos, obras pías, y los censos cuya imposición pase de diez años. Los bienes amortizados se dividirán en pleno dominio entre el fisco y los poseedores actuales; y respecto de los censos en general se observará lo que en razón de dichas capellanías se dispuso en el **artículo 38**; de manera que por este medio los interesados pueden lucrar de una vez más que con el solo goce del usufructo, o lentas y pequeñas pensiones. Solo se permitirá la imposición de censos o tributos en los terrenos yermos por la mitad de su valor para cultivarse, y los réditos a un 5 % con el capital han de redimirse dentro de los diez años prefijados, contándose

---

de aparente o exagerado, que de real y positivo. Comparase la suerte de los salvajes de África en sus países según las relaciones de los mejores viajeros con la que les cabe en nuestras posesiones, y prescindiendo de uno u otro caso particular se conocerá que siempre es preferible esta a aquella. No hablo de los esclavos criollos, por que estos son tratados con tanta blandura que a veces degenera en laxitud, a pesar de la energía que debe emplearse incesantemente para que no resulte en daño del Estado lo que contribuye a su fortuna. Sin necesidad de citar a los Griegos ni a los Romanos, nuestros hermanos del Norte tienen un millón o más de esclavos, y no por eso dejan de ser Republicanos. En fin véase al Padre Valverde en los capítulos 20, 21, y 22 de su obra "Idea del valor de la isla Española", que hablo por calculo y experiencia.

desde que los terrenos se hallen en producción. Acerca de los vacantes téngase presente el **artículo** 30.

Los que no pudieren proporcionar las redenciones estarán obligados a vender las fincas a quienes las faciliten, percibiendo el exceso que resulte a su favor.

92. Los dueños de extensiones territoriales deberán escoger dentro de seis meses las áreas que precisamente necesiten para labranzas, crías, y otras haciendas, cuyo fomento emprenderán dentro de los mismos seis meses, y vender el sobrante o repartirlo a censo y tributo en los términos referidos en el **artículo** anterior. Respecto de los Compradores o colonos se entenderá lo mismo. Los establecimientos se deslindarán y amojonarán distintamente para evitarse dudas sobre términos, sin perjuicio no obstante de las comunidades.

93. Los extranjeros que hubieren adquirido bienes raíces en la isla, y hubieren sido desposeídos de ellos, los reasumirán dentro de un año; y no haciéndolo, quedarán a favor del Tesoro Público.

94. Los que quieran establecerse en la isla, sean del pais que fueren, luego que se arraiguen o dediquen a un destino útil, y presten juramento de sumisión a la constitución y leyes serán naturalizados, y gozarán el derecho de ciudadanos. Este no se perderá sino por muerte natural o civil, y se suspenderá por causa de incapacidad física o moral. La edad de la majoridad será en la que se fije su ejercicio.

95. Cualquiera tendrá derecho de dirigir peticiones individuales a toda autoridad constituida.[26]

96. Ningún ciudadano podrá ser preso sin que aparezca antes por presunciones fuertes haber cometido un delito que merezca pena aflictiva, o que haya sido-condenado jurídicamente a este castigo.

---

26 Conviene con la Constitución francesa del año 8.

En las causas civiles se relajarán las prisiones o arrestos inmediatamente que se den fianzas, o se presten arbitrios que concilien la libertad y la responsabilidad.

97. La gravedad o levedad de las penas guardarán correspondencia con la gravedad o levedad de los delitos; y la gravedad o levedad de estos serán relativas al mayor o menor perjuicio causado a la sociedad o a los particulares, a las circunstancias del hecho y del delincuente, a las causas generales impulsivas, y al fin que se proponga la ley. Las pruebas serán tanto más plenas cuanto más graves fueren los delitos.

98. Quedarán abolidas las penas crueles e ignominiosas, sin que deje de imponerse la de infamia en las acciones aleves y rastreras, que subsistirá hasta rehabilitación a vuelta de una amelioracion de conducta, y que nunca será trascendental a la posterioridad o familia.

Las ejecuciones serán siempre públicas, y no podrán hacerse sin una sentencia definitiva, previo un juicio en toda forma. Las confiscaciones no tendrán lugar sino en caso de indemnización; y entonces solamente podrán hacerse secuestros precautorios al aprehenderse al prevenido.

No podrán visitarse casas, extraerse de ellas persona alguna, ni registrarse interioridades, o cofres sino de día, y en virtud de decreto jurídico que lo especifique para el convencimiento de un crimen graves de que haya probabilidad. Se exceptúan las visitas marítimas para evitarse la extracción de numerario, y las domiciliarias que previene el **artículo** 76; sin embargo de que deberán hacerse también de día. En ningún caso podrán interceptarse a abrirse cartas o papeles particulares, ni harán fe en juicio, a menos que se exhiban por aquel a quien pertenezcan.[27]

---

27 Conviene con la Constitución de los Estados-Unidos de Venezuela.

99. El territorio de la isla será inviolable. Se procurará que éste en paz con todo el mundo, y que no declare guerra sino a los que invadan o molesten su bandera, costas y puertos. Cuando fuere reconocido su Gobierno constituirá Cónsules y Embajadores, y mantendrá los demás relaciones exteriores que la convengan. Por ahora solo deberá ocuparse de su prosperidad y engrandecimiento, destruyendo los desórdenes del anterior Gobierno, reorganizando con sencillez y firmeza los ramos públicos, y promoviendo el fomento de los útiles liberalmente.

Así, pues, la agricultura, comercio, y artes quedarán sin trabas, restricciones, ni reglamentos taxativos que no arguyen sino opresión y miseria, y los que se dediquen a estas profesiones no tendrán otras leyes que las de todos los ciudadanos.

100. La bandera nacional será tricolor horizontal, verde, morado, y blanco, combinación que no se sabe haya sido tomada todavía por otra nación. El sello de Estado podrá reducirse a un pequeño óvalo con el emblema de la América en general bajo la figura india, y él de la isla en particular, bajo la de la planta de tabaco; porque aunque se dé en otras partes en ninguna es de tan excelente calidad. Al rededor habrá la inscripción: isla de Cuba independiente. El estandarte será la bandera misma con el sello del Estado en grande, en el centro.

En fin, la Constitución, los Códigos civil y penal, la Sínodo diocesana, y los Reglamentos para la disciplina del Ejército y Marina, y para el manejo de las Rentas públicas; ratificado todo por los Pueblos representados legítimamente completarán el sistema administrativo de la isla de Cuba.

Advertencia

Mis ideas sobre algunos puntos habrían sido más filosóficas que políticas, sí la emancipación de la América hubiera llegado ya al tiempo de una mudanza de circunstancias y de opiniones, sobre todo en mi país. Tendré la mayor complacencia en poder ratificarlas; y entretanto sirva esta sincera exposición de salvaguardia contra cualquier juicio temerario.

En la imprenta de Juan Baillío

Constitución de Guáimaro de 1869

10 de abril de 1869

Constitución Política que regirá lo que dure la guerra de la Independencia.

Artículos

Artículo 1. El Poder Legislativo residirá en una Cámara de Representantes.

Artículo 2. A esta Cámara concurrirá igual representación por cada uno de los cuatro Estados en que queda desde este instante dividida la Isla.

Artículo 3. Estos Estados son: Oriente, Camagüey, Las Villas y Occidente.

Artículo 4. Solo pueden ser Representantes los ciudadanos de la República de veinte años.

Artículo 5. El cargo de Representante es incompatible con todos los demás de la República.

Artículo 6. Cuando ocurran vacantes en la representación de algún Estado, el Ejecutivo del mismo dictará las medidas necesarias para la nueva elección.

Artículo 7. La Cámara de Representantes nombrará el Presidente encargado del Poder Ejecutivo, el General en Jefe, el Presidente de las sesiones y demás empleados suyos. El General en Jefe está subordinado al Ejecutivo y debe darle cuenta de sus operaciones.

Artículo 8. Ante la Cámara de Representantes deben ser acusados, cuando hubiere lugar, el Presidente de la República, el General en Jefe y los miembros de la Cámara. Esta acusación puede hacerse por cualquier ciudadano: si la Cámara la encuentra atendible, someterá el acusado al Poder Judicial.

Artículo 9. La Cámara de Representantes puede deponer libremente a los funcionarios cuyo nombramiento le corresponde.

Artículo 10. Las decisiones legislativas de la Cámara necesitan para ser obligatoria la sanción del Presidente.

Artículo 11. Si no la obtuvieren, volverán inmediatamente a la Cámara para nueva deliberación, en la que se tendrán en cuenta las objeciones que el Presidente presentare.

Artículo 12. El Presidente está obligado, en el término de diez días, a impartir su aprobación a los proyectos de ley o a negarla.

Artículo 13. Acordada por segunda vez una resolución de la Cámara, la sanción será forzosa para el Presidente.

Artículo 14. Deben ser objeto indispensablemente de ley: las contribuciones, los empréstitos públicos, la ratificación de los tratados, la declaración y conclusión de la guerra, la autorización al Presidente para conceder patentes, levantar tropas y materiales, proveer y sostener una armada y la declaración de represalias con respecto al enemigo.

Artículo 15. La Cámara de Representantes se constituye en sesión permanente desde el momento en que los Representantes del pueblo ratifiquen esta Ley Fundamental hasta que termine la guerra.

Artículo 16. El Poder Ejecutivo residirá en el Presidente de la República.

Artículo 17. Para ser Presidente se requiere la edad de treinta años y haber nacido en la Isla de Cuba.

Artículo 18. El Presidente puede celebrar tratados con la ratificación de la Cámara.

Artículo 19. Designará los Embajadores, Ministros plenipotenciarios y Cónsules de la República en los países extranjeros.

Artículo 20. Recibirá los Embajadores, cuidará de que se ejecuten fielmente las leyes y expedirá sus despachos a todos los empleados de la República.

Artículo 21. Los Secretarios del Despacho serán nombrados por la Cámara a propuesta del Presidente.

Artículo 22. El Poder Judicial es independiente, su organización será objeto de ley especial.

Artículo 23. Para ser elector se requieren las mismas condiciones que para ser elegido.

Artículo 24. Todos los habitantes de la República son enteramente libres.

Artículo 25. Todos los ciudadanos de la República se consideran soldados del Ejército Libertador.

Artículo 26. La República no reconoce dignidades, honores especiales, ni privilegio alguno.

Artículo 27. Los ciudadanos de la República no podrán admitir honores ni distinciones de un país extranjero.

Artículo 28. La Cámara no podrá atacar las libertades de culto, imprenta, reunión pacífica, enseñanza y petición, ni derecho alguno inalienable del pueblo.

Artículo 29. Esta Constitución podrá enmendarse cuando la Cámara unánimemente lo determine.

Esta Constitución fue votada en el pueblo de libre de Guáimaro el 10 de abril de 1869 por el ciudadano Carlos Manuel de Céspedes, Presidente de la Asamblea Constituyente, y los ciudadanos Diputados Salvador Cisneros Betancourt, Francisco Sánchez, Miguel Betancourt Guerra, Ignacio Agramonte Loynaz, Antonio Zambrana, Jesús Rodríguez, Antonio Alcalá, José Izaguirre, Honorato Castillo, Miguel Jerónimo Gutiérrez, Arcadio García, Tranquilino Valdés, Antonio Lorda y Eduardo Machado Gómez.

Constitución de Baraguá

23 de marzo de 1878

1. La Revolución se regirá por un Gobierno provisional, compuesto de cuatro individuos.

2. El Gobierno provisional nombrará un General en Jefe que dirija las operaciones militares.

3. El Gobierno queda facultado para hacer la paz, bajo las bases de la independencia.

4. No podrá hacerse la paz con el Gobierno Español, bajo otras bases sin el conocimiento y consentimiento del pueblo.

5. El Gobierno pondrá en vigor todas las leyes de la República, que sean compatibles con la presente situación.

6. El poder judicial es independiente, y residirá conforme a las leyes antiguas, en Consejo de Guerra.

Presidente: Titá Calvar.
General en Jefe: Vicente García.
Lugarteniente General: Antonio Maceo.

Constitución de Jimaguayú de 1895

16 de septiembre de 1895

Artículos

La revolución por la Independencia y reacción de Cuba en República democrática, en su nuevo periodo de guerra iniciada en 24 de febrero último, solemnemente declara la separación de Cuba de la Española y su Constitución como Estado libre o independiente con Gobierno propio por autoridad suprema con el nombre de República de Cuba, y confirma su existencia entre las divisiones políticas de la tierra. Y en su nombre y por delegación que al efecto le han conferido los cubanos en armas, declarando previamente ante la Patria la pureza de sus pensamientos, libres de violencia, de ira o de prevención y solo inspirada en el propósito de interpretar en bien de Cuba los votos populares para la institución del régimen y Gobierno provisional de la República, los Representantes electos de la Revolución en Asamblea Constituyente, han pactado ante Cuba y el mundo, con la fe de su honor empeñada en el cumplimiento, los siguientes Artículos de Constitución:

Constitución de la República de Cuba

Artículos

Artículo 1. El Gobierno Supremo de la República residirá en un Consejo de Gobierno, compuesto de un Presidente, un Vicepresidente, y cuatro Secretarios de Estado, para el despacho de los asuntos de Guerra, de lo Interior, de Relaciones Exteriores y de Hacienda.

Artículo 2. Cada Secretario tendrá un Subsecretario de Estado para suplir los casos de vacante.

Artículo 3. Serán atribuciones del Consejo de Gobierno:

1. Dictar todas las disposiciones relativas a la vida civil y política de la Revolución;

2. Imponer y percibir contribuciones, contraer empréstitos públicos, emitir papel moneda, invertir los fondos recaudados en la Isla por cualquier título que sean y los que a título oneroso se obtengan en él;

3. Conceder patentes de corso, levantar tropas y mantenerlas, declarar represalias respecto al enemigo y ratificar tratados;

4. Conceder autorización, así lo estime oportuno, para someter al Poder Judicial el Presidente y demás miembros del Consejo si fuesen acusados;

5. Resolver las acusaciones de toda índole excepto judicial, que tienen derecho a presentarle todos los hombres de la Revolución;

6. Aprobar la Ley de Organización Militar y Ordenanzas del Ejército que propondrá el General en jefe;

7. Conferir los grados militares de Coronel en adelante, previos informes del Jefe Superior inmediato y del General en jefe y designar el nombramiento de este último y del Lugarteniente General en caso de vacante de ambos;

8. Ordenar la elección de cuatro representantes por cada cuerpo de Ejército, cada vez que conforme a esta Constitución sea necesaria la convocación de Asambleas.

Artículo 4. El Consejo de Gobierno solamente intervendrá en la dirección de las operaciones militares, cuando a su juicio sea absolutamente necesario a la realización de otros fines políticos.

Artículo 5. Es requisito para la validez de los acuerdos del Consejo de Gobierno el de haber tomado parte en la liberación los dos tercios de los miembros del mismo, y haber resuelto aquellos por voto de la mayoría de los concurrentes.

Artículo 6. El cargo de Consejero es incompatible con los demás de la República y requiere la edad mayor de veinticinco años.

Artículo 7. El Poder Ejecutivo residirá en el Presidente, o en su defecto en el Vicepresidente.

Artículo 8. Los acuerdos del Consejo de Gobierno serán sancionados y promulgados por el Presidente quien dispondrá lo necesario para su cumplimiento en un término que no excederá de diez años.

Artículo 9. El Presidente puede celebrar tratados con la ratificación del Consejo de Gobierno.

Artículo 10. El Presidente recibirá a los Embajadores y expedirá sus despachos a todos los funcionarios.

Artículo 11. El tratado de paz con España que ha de tener precisamente por base la Independencia absoluta de la Isla de Cuba, deberá ser ratificado por el Consejo de Gobierno y la Asamblea de Representantes convocada expresamente para ese fin.

Artículo 12. El Vicepresidente sustituirá al Presidente en caso de vacante.

Artículo 13. En el caso de resultar vacantes los cargos de Presidente y Vicepresidente, por renuncia, deposición o muerte, u otra causa, se reunirá una Asamblea de Representantes para la elección de los que hayan de desempeñar los cargos vacantes que interinamente ocuparán los Secretarios de más edad.

Artículo 14. Los Secretarios tomarán parte con voz y voto en las deliberaciones de los acuerdos de cualquiera índole que fueren.

Artículo 15. Es atribución de los Secretarios proponer todos los empleados de sus respectivos despachos.

Artículo 16. Los Subsecretarios sustituirán en los casos de vacante a los Secretarios de Estado, teniendo entonces voz y voto en las deliberaciones.

Artículo 17. Todas las fuerzas armadas de la República y la dirección de las operaciones de la guerra, estarán bajo el comando directo del General en jefe, que tendrá a sus órdenes como segundo en el mando un Lugarteniente General que le sustituirá en caso de vacante.

Artículo 18. Los funcionarios de cualquiera orden que sean se prestarán recíproco auxilio para el cumplimiento de las resoluciones del Consejo de Gobierno.

Artículo 19. Todos los cubanos están obligados a servir a la Revolución con su persona e intereses, según sus aptitudes.

Artículo 20. Las fincas y propiedades de cualquier clase pertenecientes a extranjeros, estarán sujetas al pago del impuesto en favor de la Revolución mientras su respectivo Gobierno no reconozca la beligerancia de Cuba.

Artículo 21. Todas las deudas y compromisos contraídos desde que se inició el actual periodo de guerra, hasta ser promulgada esta Constitución por los Jefes del Cuerpo de Ejército en beneficio de la Revolución, serán válidos como los que en lo sucesivo correspondan al Consejo de Gobierno efectuado.

Artículo 22. El Consejo de Gobierno podrá deponer a cualquiera de sus miembros por causa justificada a juicio de dos tercios de los Consejeros y dará cuenta en la primera Asamblea que se convoque.

Artículo 23. El Poder Judicial procederá con entera independencia de todos los demás, su organización y reglamentación estarán a cargo del Consejo de Gobierno.

Artículo 24. Esta Constitución regirá a Cuba durante dos años a contar desde su promulgación si antes no termina la guerra de Independencia. Transcurrido este plazo se convocará a Asamblea de Representantes que podrá modificarla y procederá a la elección de nuevo Consejo de Gobierno y a la censura del saliente.

Así lo ha pactado, y en nombre de la República lo ordena, la Asamblea Constituyente en Jimaguayú a 16 de septiembre de 1895. Y en testimonio firmamos los Representantes delegados por el Pueblo Cubano en armas.

Siguen las siguientes firmas: Salvador Cisneros Betancourt, Presidente, Rafael Manduley, Vicepresidente, Raimundo Sánchez, Lope Recio Loynaz. Francisco López Leiva, Francisco Díaz Silveira, Rafael M. Portuondo, Fermín Valdés Domínguez, doctor Santiago García Cañizares, Pedro Piñán de Villegas, Enrique Loinaz del Castillo, Joaquín O. Castillo, José Clemente Vivanco, Scrio. Mariano Sánchez Vaillant, Severo Piña, Pedro Aguilera, Orencio Nodarse, Scrio. Enrique Céspedes, Rafael Pérez Morales, Mario Padilla.

Constitución de La Yaya de 1897

30 de octubre de 1897
Título I. Del territorio y la ciudadanía
Título II. De los derechos individuales y políticos
Título III. Del Gobierno de la República
Sección I. De los Poderes Públicos
Sección II. Del Consejo de Gobierno
Sección III. Del Presidente y del Vicepresidente de la República
Sección IV. De los Secretarios del Estado
Sección V. Del Secretario del Consejo del Gobierno
Título IV. De la Asamblea de Representantes
Título V. Disposiciones generales

Nosotros, los Representantes del Pueblo Cubano, libremente reunidos en Asamblea Constituyente, convocada a virtud del mandato contenido en la Constitución de 16 de septiembre de 1895, ratificando el propósito firme e inquebrantable de obtener la Independencia absoluta e inmediata de toda la Isla de Cuba para constituir en ella una República Democrática e inspirándonos en las necesidades actuales de la Revolución, decretamos la siguiente: Constitución de la República de Cuba.

Título I. Del territorio y la ciudadanía

Artículo 1. La República de Cuba comprende el territorio que ocupe la Isla de Cuba e islas y cayos adyacentes. Una ley determinará la división del Territorio.

Artículo 2. Son cubanos:

1. Las personas nacidas en territorio cubano;

2. Los hijos de padre o madre cubanos aunque nazcan en el extranjero;

3. Las personas que estén al servicio directo de la Revolución, cualquiera que sea su nacionalidad de origen.

Artículo 3. Todos los cubanos están obligados a servir a la patria con sus personas y bienes, de acuerdo con las leyes y según sus aptitudes.

El servicio militar es obligatorio e irredimible.

Título II. De los derechos individuales y políticos

Artículo 4. Nadie podrá ser detenido, procesado ni sufrir condena, sino en virtud de hechos penados en leyes anteriores a su comisión y en la forma que las mismas determinen.

Artículo 5. Ninguna autoridad podrá detener ni abrir correspondencia oficial o privada, salvo con las formalidades que las leyes establezcan y por causa de delito.

Artículo 6. Los cubanos y extranjeros serán amparados en sus opiniones religiosas y en el ejercicio de sus respectivos cultos, mientras éstos no se opongan a la moral pública.

Artículo 7. Nadie podrá ser compelido a pagar otras contribuciones que las acordadas por autoridad competente.

Artículo 8. La enseñanza es libre en todo el territorio de la República.

Artículo 9. Los cubanos pueden dirigir libremente peticiones a las autoridades, con derecho a obtener resolución oportuna. Las fuerzas armadas deberán ajustarse en el ejercicio de este derecho a lo que vengan las Ordenanzas y la Ley de Organización Militar.

Artículo 10. El derecho electoral se regulará por el Gobierno sobre la base de sufragio universal.

Artículo 11. Nadie podrá penetrar en domicilio ajeno, sino cuando trate de evitar la comisión de un delito, estando al efecto competentemente autorizado.

Artículo 12. Ningún cubano puede ser compelido a mudar de domicilio, sino por decisión judicial.

Artículo 13. Todos los cubanos tienen derecho a emitir con libertad sus ideas y a reunirse y asociarse para los fines lícitos de la vida.

Artículo 14. Los derechos cuyo ejercicio garantizan los tres Artículos anteriores, podrán mientras dure el actual estado de guerra, ser suspendidos total o parcialmente por el Consejo de Gobierno.

Título III. Del Gobierno de la República

Sección I. De los Poderes Públicos

Artículo 15. El Poder Ejecutivo reside en un Consejo de Gobierno que tendrá la facultad de dictar leyes y disposiciones de carácter general con arreglo a esta Constitución.

Artículo 16. La administración de justicia en lo criminal corresponde a la Jurisdicción de Guerra y se ejercerá en la forma que las leyes determinen.

Artículo 17. La administración de justicia en lo civil corresponde a las autoridades de este orden y su funcionamiento será regulado por una ley.

Sección II. Del Consejo de Gobierno

Artículo 18. El Consejo de Gobierno se compone de un Presidente, un Vicepresidente y cuatro Secretarios de Estado para el despacho de los asuntos de Guerra, Hacienda, Exterior e Interior. Todos los miembros del Consejo tienen voz y voto en sus deliberaciones.

Artículo 19. Para ser Presidente o Vicepresidente se requiere ser cubano de nacimiento o ciudadano cubano con más de diez años de servicios a la causa de la Independencia de Cuba; haber cumplido la edad de treinta años. Para ser Secretario de Estado haber cumplido la edad de veinticinco años.

Artículo 20. El Consejo de Gobierno nombrará su Secretario que podrá separar libremente.

Artículo 21. Cada Secretario en los casos de vacante, ausencia o enfermedad, desempeñará las comisiones que le confíe el Consejo de Gobierno.

Artículo 22. Son atribuciones del Consejo de Gobierno, además de las estatuidas por otros Artículos de esta Constitución:

1. Dictar todas las leyes y disposiciones relativas al Gobierno de la Revolución y a la vida militar civil y política del Pueblo Cubano;

2. Resolver las peticiones que se le dirijan, disponiendo se tramiten en forma las que no vengan en grado;

3. Deponer mediante justa causa y daño su responsabilidad a cualquier Consejero o Vicesecretario.

De esta resolución se dará cuenta en la primera Asamblea y solo podrá adoptarse por los votos conformes de cuatro Consejeros;

4. Nombrar Secretario y Vicesecretario para el desempeño de un despacho cuando ambos cargos estuvieren vacantes durante dos meses;

5. Nombrar y separar los funcionarios públicos de todo orden en la forma que las leyes determinen, disponiendo sean sometidos a los tribunales de justicia en los casos en que así proceda;

6. Determinar la política de guerra y las líneas generales de la campaña e intervenir, cuando a su juicio exista fundado motivo para ello en las operaciones militares por intermedio siempre de los Generales de la Nación;

7. Levantar tropas, declarar represalias y conceder patentes de Corso;

8. Conferir los grados militares de Alférez a Mayor General en la forma que establezca la ley de Organización Militar;

9. Emitir papel moneda, acuñar ésta, determinado su especie y valor;

10. Contratar empréstitos, fijando sus vencimientos, intereses, descuentos, corretajes y garantías y hacer todas las negociaciones que aconseje el bien público, siendo estrechamente responsable del uso que haga de estas facultades y de las que determina el número anterior;

11. Imponer contribuciones, decretar la inversión de los fondos públicos y pedir y aprobar cuentas de los mismos;

12. Determinar la política exterior y nombrar y separar agentes, representantes y delegados de todas categorías;

13. Conceder pasaportes;

14. Extender los salvoconductos necesarios para el ejercicio de las funciones del Gobierno;

15. Celebrar tratados con otras potencias, designando los comisionados que deben ajustarlos, pero sin poder delegar en ellos su aprobación definitiva. El de Paz con España ha de ser ratificado por la Asamblea y no podrá ni siquiera iniciarse sino sobre la base de independencia absoluta e inmediata de toda la Isla de Cuba.

Artículo 23. No son delegables las facultades que esta ley otorga al Consejo de Gobierno o a cualquiera de sus miembros.

Artículo 24. Los acuerdos todos del Consejo habrán de tomarse por mayoría absoluta, concurriendo a la Sesión por lo menos cuatro Consejeros, entre ellos el que desempeñe la Secretaría del Ramo a que el asunto pertenezca.

Artículo 25. Los Consejeros no podrán desempeñar ni ser nombrados para ningún otro cargo mientras estén ejerciendo sus funciones, exceptuándose el de Representante en la Asamblea que ratifique el tratado de paz con España.

Artículo 26. Los Consejeros no podrán ser procesados sin previa autorización del Gobierno, ni detenidos, salvo en el caso de flagrante delito. Los Vicesecretarios en comisión expresa, y determinada del Consejo de Gobierno, gozarán de esta misma prerrogativa.

Sección III. Del Presidente y del Vicepresidente de la República

Artículo 27. El Presidente de la República es el Presidente del Consejo de Gobierno y en su carácter representativo superior jerárquico de todos los funcionarios.

Artículo 28. Son sus atribuciones:

1. Representar a la República en sus actos y relaciones oficiales;

2. Autorizar con su firma los documentos que se dirijan a funcionarios extranjeros de igual jerarquía;

3. Firmar las proclamas y manifiestos que acuerde el Consejo de Gobierno;

4. Autorizar con su Visto Bueno los despachos y certificaciones que expidan los Secretarios de Estado o el del Consejo;

5. Autorizar a nombre del Consejo del Gobierno los Diplomas y Nombramientos que éste acuerde.

Artículo 29. El Vicepresidente asistirá con voz y voto a todas las Sesiones del Consejo y sustituirá al Presidente con todas sus facultades en caso de vacante, ausencia o enfermedad.

Sección IV. De los Secretarios del Estado

Artículo 30. Los Secretarios de Estado tendrán como facultad privativa la tramitación de los asuntos relativos a sus despachos y serán los Jefes superiores de todos los funcionarios y empleados de sus ramos, los que propondrán cuando conforme a las leyes deba nombrarlos el Consejo de Gobierno.

Artículo 31. El Secretario de Guerra será el Jefe superior jerárquico del Ejército Libertador.

Artículo 32. Los servicios administrativos del Ejército dependen de la Secretaría de la Guerra y serán reglamentados por la Ley de Organización Militar.

Artículo 33. El Secretario de Hacienda será el depositario de los fondos nacionales y dependerán de él los asuntos relativos a Deuda Pública y Contabilidad.

Artículo 34. El Secretario del Exterior es el Jefe superior inmediato de todos los agentes, Representantes y Delegados en el Extranjero.

Artículo 35. El Secretario del Interior será el encargado de los asuntos de la vida civil y jefe superior de las Autoridades y empleados del Ramo.

Sección V. Del Secretario del Consejo del Gobierno

Artículo 36. El Secretario del Consejo asistirá sin voz ni voto a todas las Sesiones del Consejo de Gobierno, cuyas actas redactará, autorizándolas con su firma después de aprobadas y firmadas por todos los Consejeros que hayan asistido a la Sesión.

Artículo 37. Expedir con vista de sus archivos las certificaciones que ordene el Presidente o el Consejo de Gobierno.

Título IV. De la Asamblea de Representantes

Artículo 38. La Asamblea de Representantes deberá reunirse a los dos años de promulgada esta ley y tendrá facultades para hacer una nueva Constitución o modificar ésta, censurar la gestión del Gobierno y proveer a todas las necesidades de la República.

El Consejo de Gobierno, con la debida anticipación y bajo su más estrecha responsabilidad, adoptará las medidas oportunas para que se cumpla este precepto constitucional.

Artículo 39. Deberá también reunirse la Asamblea de Representantes cuando resulten vacantes los cargos de Presidente y Vicepresidente o cuando dos Secretarías de Estado, no tengan para su desempeño personas nombradas al efecto por la Asamblea o éstas se encuentren impedidas para el ejercicio del cargo.

Esta Asamblea tendrá por objeto exclusivo proveer los cargos vacantes o servidos por personas nombradas con arreglo al Inciso 4 **Artículo 22** de la Constitución.

Artículo 40. Si el Gobierno, de acuerdo con el Inciso 15 del mismo **Artículo 22** pactase la paz con España convocará la Asamblea que deba ratificar el tratado. Esta Asamblea proveerá interinamente al régimen y gobierno de la República hasta que se reúna la Asamblea Constituyente definitiva.

Artículo 41. Si España, sin acuerdo previo con el Consejo de Gobierno evacuase todo el territorio se convocará una Asamblea que tendrá las mismas facultades que se especifican en el segundo Párrafo del **Artículo** anterior. Se entenderá llegado este caso cuando los Ejércitos Cubanos ocupen de un modo permanente todo el territorio de la Isla, aunque el enemigo conserve en su poder algunas fortalezas.

Artículo 42. La Asamblea se compondrá de cuatro Representantes por cada uno de los territorios en que actualmente opera un Cuerpo de Ejército. En los casos determinados por los dos Artículos anteriores serán ocho los Representantes que debe elegir cada territorio.

Artículo 43. La Asamblea de Representantes, mientras no acuerde otra cosa, se ajustará para su Constitución y funcionamiento al Reglamento Interior vigente.

Artículo 44. Los Representantes son inmunes por las opiniones y votos que emitan en el ejercicio de su cargo y no podrán ser detenidos, ni procesados por ningún motivo sin previa autorización de la Asamblea. Podrán sin embargo ser detenidos, dándose cuenta inmediatamente a la Asamblea, en los casos de flagrante delito.

Artículo 45. El cargo de Representantes es incompatible con el ejercicio de cualquiera otro. Una vez disuelta la Asamblea volverá cada uno de sus individuos a ocupar, si no lo hubiese renunciado, el empleo que desempeñaban al momento de la elección.

Título V. Disposiciones generales

Artículo 46. La República de Cuba solo garantizará las deudas reconocidas por la Constitución de 1895 y las que con posterioridad se hayan contraído o contraigan legítimamente.

Artículo 47. Los extranjeros no podrán reclamar indemnización alguna por daños que les hayan causado las fuerzas cubanas con anterioridad a la fecha en que sus respectivos gobiernos reconozcan la beligerancia o independencia de Cuba.

Artículo 48. Esta Constitución regirá hasta que se promulgue otra que la derogue.

«La Yaya», Camagüey, Octubre 30 de 1897.

Domingo Méndez Capote, Presidente. José Lacret Morlot, Vicepresidente. Cosme de la Torriente. José Fernández

Rondán. Tomás Padró Sánchez Griñán. José Fernández de Castro. Lope Recio Loynaz. Manuel Rodríguez Fuentes. Manuel Ramón Silva. Nicolás Alberdi. Salvador Cisneros y B. Lucas Álvarez y Cerice. Manuel Despaigne. Pedro Mendoza. Andrés Moreno de la Torre. Fernando Freyre. Ernesto Fonts Sterling. Manuel F. Alfonso. José B. Alemán. Enrique Collazo. Carlos Manuel de Céspedes y Quesada, Secretario. Aurelio Hevia, Secretario.

Constitución Autonómica de 1897

25 de noviembre de 1897

Título primero. Del Gobierno y Administración de las islas de Cuba y Puerto Rico

Título segundo. De las Cámaras Insulares

Título tercero. Del Consejo de Administración

Título cuarto. De la Cámara de Representantes

Título quinto. De la manera de funcionar las Cámaras Insulares y de las relaciones entre ambas

Título sexto. De las facultades del Parlamento Insular

Título séptimo. Del Gobernador General

Título octavo. Del régimen municipal y provincial

Título noveno. De las garantías para el cumplimiento de la Constitución Colonial

Artículos adicionales

Artículos transitorios

REAL DECRETO:

De acuerdo con el parecer de mi Consejo de Ministros:

En nombre de mi Augusto hijo, el Rey Don Alfonso XIII, y como Reina Regente del Reino, vengo en decretar lo siguiente:

Título primero. Del Gobierno y Administración de las islas de Cuba y Puerto Rico

Artículo 1. El Gobierno y Administración de las Islas de Cuba y Puerto Rico se regirá en adelante con arreglo a las siguientes disposiciones.

Artículo 2. El Gobierno de cada una de las Islas se compondrá de un Parlamento Insular, dividido en dos Cámaras y de un Gobernador General, representante de la Metrópoli, que ejercerá en nombre de ésta la Autoridad suprema.

Título segundo. De las Cámaras Insulares

Artículo 3. La facultad de legislar sobre los asuntos coloniales en la forma y en los términos marcados por las Leyes corresponde a las Cámaras Insulares con el Gobernador General.

Artículo 4. La representación insular se compone de dos Cuerpos iguales en facultades: la Cámara de Representantes y Consejo de administración.

Título tercero. Del Consejo de Administración

Artículo 5. El Consejo se compone de treinta y cinco individuos, de los cuales dieciocho serán elegidos en la forma indicada en la Ley electoral, y los otros diecisiete serán designados por el Rey y a su nombre por el Gobernador General, entre los que reúnan las condiciones enumeradas en los Artículos siguientes.

Artículo 6. Para tomar asiento en el Consejo de Administración se requiere:

1. Ser español;

2. Haber cumplido treinta y cinco años;

3. Haber nacido en la Isla o llevar en ella cuatro años de residencia constante;

4. No estar procesado criminalmente;

5. Hallarse en la plenitud de los derechos políticos;

6. No tener sus bienes intervenidos y no tener participación en contratos con el Gobierno Central o con el de la Isla. Los accionistas de las Sociedades Anónimas no se considerarán contratistas del Gobierno, aun cuando lo sean las Sociedades a que pertenezcan.

Artículo 7. Podrán ser elegidos o designados Consejeros de Administración los que, además de las condiciones generales señaladas en el **Artículo** anterior, tengan alguna de las especiales siguientes:

1. Poseer con dos años de antelación renta propia anual de dos mil pesos, procedente de bienes inmuebles que radiquen en la Isla;

2. Ser o haber sido Senador del Reino o tener las condiciones que para ejercer dicha cargo señala el Título III de la Constitución:

    a) Presidente del Consejo de Secretarios del Despacho;
    b) Presidente o Fiscal de la Audiencia de La Habana;
    c) Rector de la Universidad de la misma;
    d) Consejero de Administración del antiguo Consejo de este nombre;
    e) Presidente de la Cámara de Comercio de la capital;
    f) Presidente de la Sociedad Económica de Amigos del País, de La Habana;
    g) Presidente del Círculo de Hacendados;
    h) Presidente de la Unión de Fabricantes de Tabacos;
    i) Presidente de la Liga de Comerciantes, Industriales y Agricultores de Cuba
    j) Presidente de la Academia de Ciencias de La Habana;
    k) Decano del Ilustre Colegio de Abogados de la capital;
    l) Alcalde de La Habana, si el Ayuntamiento procediere de elección popular;
    m) Presidente de Diputación Provincial, si ésta fuera de elección popular;
    n) Deán de cualquiera de los Cabildos catedrales;

3. Podrán igualmente ser elegidos o designados los que figuren en las listas de los cincuenta mayores contribuyentes por territorial o en la de los cincuenta primeros por comercio, profesiones, industria y artes.

Artículo 8. El nombramiento de los Consejeros de la Corona que se designen se hará por Decretos especiales, en los cuales se expresará siempre el título en que el nombramiento se funda.

Los Consejeros así nombrados ejercerán el cargo durante su vida.

Los Consejeros electivos se renovarán por mitad cada cinco años, y en totalidad cuando el Gobernador General disuelva el Consejo de Administración.

Artículo 9. Las condiciones necesarias para ser nombrado o elegido Consejero de Administración podrán variarse por una Ley del Reino, a petición o propuesta de las Cámaras Insulares.

Artículo 10. Los Consejeros de Administración no podrán admitir empleo, ascenso que no sea de escala cerrada, título ni condecoración mientras estuviesen abiertas las sesiones; pero tanto el Gobierno local como el central podrán conferirles, dentro de sus respectivos empleos o categorías, las comisiones que exija el servicio público. Exceptúase de lo dispuesto en los párrafos anteriores el cargo de Secretario del Despacho.

Título cuarto. De la Cámara de Representantes

Artículo 11. La Cámara de Representantes se compondrá de los que nombren las Juntas electorales en la forma que determina la Ley y en la proporción de uno por cada 25.000 habitantes.

Artículo 12. Para ser elegido Representante se requiere ser español, de estado seglar, mayor de edad, gozar de todos los derechos civiles, ser nacido en la Isla de Cuba o llevar cuatro años de residencia en ella y no hallarse procesado criminalmente.

Artículo 13. Los Representantes serán elegidos por cinco años y podrán ser reelegidos indefinidamente.

La Cámara Insular determinará con qué clase de funciones es incompatible el cargo de Representante y los casos de reelección.

Artículo 14. Los Representantes a quienes el Gobierno Central o el local confieran pensión, empleo, ascenso que no sea de escala cerrada, comisión con sueldo, honores o condecoraciones, cesarán en su cargo sin necesidad de declaración alguna si dentro de los quince días inmediatos a su nombramiento no participan a la Cámara la renuncia de la gracia.

Lo dispuesto en el párrafo anterior no comprende a los Representantes que fueren nombrados Secretarios del Despacho.

Título quinto. De la manera de funcionar las Cámaras Insulares y de las relaciones entre ambas

Artículo 15. Las Cámaras se reúnen todos los años. Corresponde al Rey, y en su nombre al Gobernador General, convocarlas, suspender, cerrar sus sesiones y disolver separada o simultáneamente la Cámara de Representantes y el Consejo de Administración, con la obligación de convocarlas de nuevo o de renovarlas dentro de tres meses.

Artículo 16. Cada uno de los Cuerpos Colegisladores formará su respectivo reglamento y examinará así las calidades de los individuos que componen como la legalidad de su elección.

Mientras la Cámara de Representantes y el Consejo de Administración no hayan aprobado a su Reglamento, se regirán por el del Congreso de los Diputados o por el del Senado, respectivamente.

Artículo 17. Ambas Cámaras nombrarán su Presidente, vicepresidente y Secretarios.

Artículo 18. No podrá estar reunido uno de los dos Cuerpos Colegisladores sin que también lo esté el otro.

Artículo 19. Las Cámaras Insulares no pueden deliberar juntas ni en presencia del Gobernador General. Sus sesiones serán públicas, aun cuando en los casos que exijan reserva podrá cada una celebrar sesión secreta.

Artículo 20. Al Gobernador General, por medio de los Secretarios del Despacho, corresponde, lo mismo que a cada una de las dos Cámaras, la iniciativa y proposición de los estatutos coloniales.

Artículo 21. Los estatutos coloniales sobre contribuciones y crédito público se presentarán primero a la Cámara de Representantes.

Artículo 22. Las resoluciones en cada alto de los Cuerpos Colegisladores se toman con pluralidad de votos; pero para votar acuerdos de carácter legislativo se requiere la presencia de la mitad más uno del número total de individuos que lo componen. Bastará, sin embargo, para deliberar la presencia de la tercera parte de los miembros.

Artículo 23. Para que una resolución se entienda votada por el Parlamento Insular, será preciso que haya sido aprobada en iguales términos por la Cántara de Representantes y por el Consejo de Administración.

Artículo 24. Los estatutos coloniales, una vez aprobados en la forma descrita en el **Artículo** anterior, se presentarán al Gobernador General por las mesas de las Cámaras respectivas para su sanción y promulgación.

Artículo 25. Los Consejeros de Administración y los individuos de la Cámara de Representantes son inviolables por sus opiniones y votos en el ejercicio de su cargo.

Artículo 26. Los Consejeros de Administración no podrán ser procesados ni arrestados sin previa resolución del Consejo, sino cuando sean hallados in fraganti o cuando aquél no esté reunido; pero en todo caso se dará cuenta a este Cuerpo lo más pronto posible para que determine lo que corresponda. Tampoco podrán los Representantes ser procesados ni arrestados durante las sesiones sin permiso de la Cámara, a no ser hallados in fraganti; pero en este caso, y en el de ser procesados o arrestados cuando estuvieren cerradas las Cámaras, se dará cuenta lo más pronto posible a la de Representantes para su conocimiento y resolución. La Audiencia pretorial de La Habana conocerá de las causas criminales contra los Consejeros y Representantes en los casos y en la forma que determinen los Estatutos Coloniales.

Artículo 27. Las garantías consignadas en el **Artículo** anterior no se aplicarán a los casos en que el Consejero o Representante se declare autor de artículos, libros, folletos, impresos de cualquier clase en los cuales se invite o provoque a la sedición militar, se injurie o calumnie al Gobernador General o se ataque la integridad nacional.

Artículo 28. Las relaciones entre las Cámaras se regularán, mientras otra causa no se disponga, por la Ley de relaciones entre ambos Cuerpos Colegisladores, de 19 de julio de 1837.

Artículo 29. Además de la potestad legislativa colonial, corresponde a las Cámaras Insulares:

1. Recibir al Gobernador General el juramento de guardar la Constitución y las leyes que garantizan la autonomía de la Colonia;

2. Hacer efectiva la responsabilidad de los Secretarios del Despacho, los cuales, cuando sean acusados por la Cámara de Representantes, serán juzgados por el Consejo de Administración;

3. Dirigirse al Gobierno Central por medio del Gobernador General para proponerle la derogación o modificación de las leyes del Reino vigentes, para invitarle a presentar proyectos de Ley sobre determinados asuntos o para pedirle resoluciones de carácter ejecutivo en los que interesen a la Colonia.

Artículo 30. En todos los casos en que, a juicio del Gobernador General, los intereses nacionales puedan ser afectados por los Estatutos coloniales, precederá a la presentación de los proyectos de iniciativa ministerial su comunicación al Gobierno Central. Si el proyecto naciera de la iniciativa parlamentaria, el Gobierno colonial reclamará el aplazamiento de la discusión hasta que el Gobierno Central haya manifestado su juicio.

En ambos casos, la correspondencia que mediare entre los dos Gobiernos se comunicará a las Cámaras y se publicará en la Gaceta.

Artículo 31. Los conflictos de jurisdicción entre las diferentes asambleas municipales, provinciales e insular, o con el Poder Ejecutivo, que por su índole no fueran referidas al Gobierno Central, se someterán a los Tribunales de Justicia, con arreglo a las disposiciones del presente Decreto.

Título sexto. De las facultades del Parlamento Insular

Artículo 32. Las Cámaras Insulares tienen facultad para acordar sobre todos aquellos puntos que no hayan sido especial y taxativamente reservados a las Cortes del Reino o el Gobierno Central, según el presente Decreto o lo que en adelante se dispusiere, con arreglo a lo preceptuado en el **Artículo** 2 adicional.

En este sentido, y sin que la enumeración suponga limitación de sus facultades, les corresponde estatuir sobre cuantas materias y asuntos incumben a los Ministerios de Gracia y Justicia, Gobernación, Hacienda y Fomento, en sus tres aspectos de Obras Públicas, Instrucción y Agricultura.

Les corresponde además el conocimiento privativo de todos aquellos asuntos de índole puramente local que afecten principalmente al territorio colonial; y en este sentido podrán estatuir sobre la organización administrativa, sobre división territorial, provincial, municipal o judicial; sobre sanidad marítima o terrestre; sobre crédito público, bancos y sistema monetario.

Estas facultades se entienden sin perjuicio de las que sobre las mismas materias correspondan, según las Leyes, al Poder Ejecutivo Colonial.

Artículo 33. Corresponde igualmente al Parlamento Insular formar los reglamentos de aquellas leyes votadas por las Cortes del Reino que expresamente se le confíen. En este sentido le compete muy especialmente, y podrá hacerlo desde su primera reunión, estatuir sobre el procedimiento electoral, formación del Censo, calificación de los electores y manera de ejercitar el sufragio, pero sin que sus disposiciones puedan afectar al derecho del ciudadano, según le está reconocido por la Ley Electoral.

Artículo 34. Aun cuando las Leyes relativas a la Administración de Justicia, de organización de los Tribunales son de carácter general y obligatorias, por tanto, para, la Colonia, el Parlamento Colonial podrá, con sujeción a ellas, dictar las reglas y proponer al Gobierno Central las medidas que faciliten el ingreso, conservación y ascenso en los Tribunales locales de los naturales de la Isla, o de los que en ella ejerzan la profesión de Abogados.

Al Gobernador General en consejo corresponden las facultades que, respecto al nombramiento de los funcionarios, subalternos y auxiliares del orden judicial y demás asuntos con la Administración de Justicia relacionados, ejerce hoy el Ministro de Ultramar, en cuanto a la Isla de Cuba se refiere.

Artículo 35. Es facultad exclusiva del Parlamento Insular la formación del presupuesto local, tanto de gastos como de ingresos, y del de ingresos necesarios para cubrir la parte que a la Isla corresponda en el presupuesto nacional.

Al efecto, el Gobernador General presentará a las Cámaras, antes del mes de enero de cada año, el presupuesto correspondiente al ejercicio siguiente, dividido en dos partes:

1. La primera contendrá los ingresos necesarios para cubrir los gastos de la soberanía;

2. La segunda, los gastos e ingresos propios de la administración colonial.

Ninguna de las Cámaras podrá pasar a deliberar sobre el presupuesto colonial sin haber volado definitivamente la parte referente a los gastos de Soberanía.

Artículo 36. A las Cortes del Reino corresponde determinar cuáles hayan de considerarse por su naturaleza gastos obligatorios inherentes a la soberanía y fijar además cada tres años su cuantía y los ingresos necesarios para cubrirlos, salvo siempre el derecho de las mismas Cortes para alterar esta disposición.

Artículo 37. La negociación de los tratados de comercio que afecten a la Isla de Cuba, bien se deban a la iniciativa del Gobierno Insular, bien a la del Gobierno Central, se llevará siempre por éste, auxiliado en ambos casos por delegados especiales debidamente autorizados por el Gobernador colonial, cuya conformidad con los convenios se hará constar al presentarlos a las Cortes del Reino.

Estos Tratados, si fueren aprobados por éstas, se publicarán como leyes del Reino y como tales regirán en el territorio insular.

Artículo 38. Los Tratados de comercio en cuyas negociaciones no hubiese intervenido el Gobierno Insular, se le comunicarán en cuanto fueren leyes del Reino, a fin de que pueda, en un período de tres meses, declarar si desea o no adherirse a sus estipulaciones. En caso afirmativo, el Gobernador General lo publicará en la Gaceta como Estatuto colonial.

Artículo 39. Corresponderá también al Parlamento Insular la formación del arancel y la designación de los derechos que hayan de pagar las mercancías, tanto a su importación en el territorio insular como a la exportación del mismo.

Artículo 40. Como transición del régimen actual al que ahora se establece, y sin perjuicio de lo que puedan convenir en su día los dos Gobiernos, las relaciones mercantiles entre la Península y la Isla de Cuba se regirán por las siguientes disposiciones:

1. Ningún derecho, tenga o no carácter fiscal y establézcase para la importación o la exportación, podrá ser diferencial en perjuicio de la producción insular o peninsular;

2. Se formará por los dos Gobiernos una lista de Artículos de procedencia nacional directa, a los cuales se les señalará, de común acuerdo, un derecho diferencial sobre sus similares de procedencia extranjera.

En otra lista análoga, formada por igual procedimiento, se determinarán los productos de procedencia insular directa, que habrán de recibir tanto privilegiado a su entrada en la Península y el tipo de los derechos diferenciales. Este derecho diferencial en ningún caso excederá para ambas procedencias del 35 por 100.

Si en la formación de ambas listas y en la fijación de los derechos protectores hubiera conformidad entre los dos Gobiernos, las listas se considerarán definitivas y se pondrán desde luego en vigor. Si hubiere discrepancia se someterá la resolución del punto litigioso a una comisión de Diputados del Reino, formada por iguales partes de cubanos y peninsulares. Esta comisión nombrará su presidente; si sobre su nombramiento no se llegara a un acuerdo presidirá el de más edad. El presidente tendrá voto de calidad;

3. Las tablas de las valoraciones relativas a los Artículos enumerados en las dos listas mencionadas en el número anterior se fijarán de común acuerdo y se revisarán contradictoriamente cada dos.

Las modificaciones que en su vista proceda hacer en los derechos arancelarios se llevarán desde luego a cabo por los respectivos Gobiernos.

Título séptimo. Del Gobernador General

Artículo 41. El Gobierno Supremo de la Colonia se ejercerá por un Gobernador General, nombrado por el Rey, a propuesta del Consejo de Ministros. En este concepto ejercerá como vicerreal patrono las facultades inherentes al Patronato de Indias; tendrá el mando superior de todas las fuerzas armadas de mar y tierra existentes en la Isla; será delegado de los Ministerios de Estado, Guerra, Marina y Ultramar; le estarán subordinadas todas las demás autoridades de la Isla y será responsable de la conservación del orden y de la seguridad de la Colonia.

El Gobernador General, antes de hacerse cargo de su destino, prestará en manos del Rey el juramento de cumplirlo fiel y lealmente.

Artículo 42. El Gobernador General, como representante de la Nación, ejercerá por sí, y auxiliado por su secretario, todas las funciones indicadas en el **Artículo** anterior y las que puedan corresponderle como delegado directo del Rey en los asuntos de carácter nacional.

Corresponde al Gobernador General como representante de la Metrópoli:

1. Designar libremente los empleados de su Secretaría;

2. Publicar, ejecutar y hacer que se ejecuten en la Isla las leyes, decretos, tratados, convenios internacionales y demás disposiciones emanadas del Poder legislativo, así como los decretos, reales órdenes y demás disposiciones emanadas del Poder Ejecutivo y que le fueran comunicados por los Ministerios de que es delegado. Cuando a su juicio y al de sus Secretarios del Despacho las resoluciones del Gobierno de Su Majestad pudieran causar daños a los intereses generales de

la Nación o a los especiales de la Isla, suspenderán su publicación y cumplimiento, dando cuenta de ello y de las causas que motiven su resolución al Ministerio respectivo;

3. Ejercer la gracia de indulto a nombre del Rey, dentro de los límites que especialmente se le hayan señalado en sus instrucciones, y suspender las ejecuciones de pena capital cuando la gravedad de las circunstancias lo exigiesen o la urgencia no diere lugar a solicitar y obtener de Su Majestad el indulto, oyendo en todo caso el parecer de sus Secretarios del Despacho;

4. Suspender las garantías expresadas en los Artículos 4, 5, 6 y 9 y párrafos primero, segundo y tercero del **Artículo 13** de la Constitución del Estado; aplicar la legislación de orden público y tomar cuantas medidas crea necesarias para conservar la paz en el interior y la seguridad en el exterior del territorio que le está confiado, oyendo previamente al Consejo de Secretarios;

5. Cuidar de que en la Colonia se administre pronta y cumplidamente la justicia, que se administrará siempre en nombre del Rey;

6. Comunicar directamente sobre negocios de política exterior con los Representantes, Agentes Diplomáticos y Cónsules de España en América.

La correspondencia de este género se comunicará íntegra y simultáneamente al Ministro de Estado.

Artículo 43. Corresponden; al Gobernador General, cono autoridad superior de la Colonia y Jefe de la Administración:

1. Cuidar de que sean respetados y amparados los derechos, facultades y privilegios reconocidos o que en adelante se reconozcan a la Administración Colonial;

2. Sancionar y publicar los acuerdos del Parlamento insular, los cuales les serán sometidos respectivamente por el Presidente y Secretarios de las Cámaras respectivas.

Cuando el Gobernador General entienda que un acuerdo del Parlamento Insular extralimita sus facultades, atenta a los derechos de los ciudadanos reconocidos en el Título Primero de la Constitución o a las garantías que para su ejercicio les han señalado las leyes, o compromete los intereses de la Colonia o del Estado, remitirá el acuerdo al Consejo de Ministros del Reino, el cual, en un período que no excederá de dos meses, lo aprobará o devolverá al Gobernador General, exponiendo los motivos que tenga para oponerse a su sanción y promulgación. El Parlamento Insular, en vista de estas razones, podrá volver a deliberar sobre el asunto y modificarle, si así lo estima conveniente, sin necesidad de proposición especial. Si transcurrieran dos meses sin que el Gobierno Central hubiera manifestado opinión sobre un acuerdo de las Cámaras que le hubiere sido transmitido por el Gobernador General, éste procederá a su sanción y promulgación;

3. Nombrar, suspender y separar a los empleados de la Administración Colonial a propuesta de los respectivos Secretarios del Despacho y con sujeción a las Leyes;

4. Nombrar y separar libremente los Secretarios del Despacho.

Artículo 44. Ningún mandato del Gobernador General, en virtud de su carácter de Representante y Jefe de la Colonia, puede llevarse a efecto si no está refrendado por un Secretario del Despacho, que por este solo hecho se hace de él responsable.

Artículo 45. Las Secretarías del Despacho serán cinco:

1. Gracia, Justicia y Gobernación;

2. Hacienda;

3. Instrucción Pública;

4. Obras Públicas y Comunicaciones;

5. Agricultura, Industria y Comercio.

La Presidencia corresponderá al Secretario que designe el Gobernador General, el cual podrá nombrar un Presidente sin Departamento determinado.

El aumento o disminución de las Secretarías del Despacho, así como la determinación de los asuntos que a cada una corresponde, pertenecen al Parlamento Insular.

Artículo 46. Los Secretarios del Despacho pueden ser individuos de la Cámara de Representantes o del Consejo de

Administración y tomar parte en las discusiones de ambos cuerpos; pero solo tendrán voto en aquél a que pertenezcan.

Artículo 47. Los Secretarios del Despacho serán responsables de sus actos ante las Cámaras Insulares.

Artículo 48. El Gobernador General no podrá modificar o revocar sus propias providencias cuando hubiesen sido confirmadas por el Gobierno, fueren declaratorias de derechos, hubieren servido de base o sentencia judicial o contencioso-administrativa o versasen sobre su propia competencia.

Artículo 49. El Gobernador General no podrá hacer entrega de su cargo al ausentarse de la Isla sin expreso mandato del Gobierno. En casos de ausencia de la capital que le impidieren despachar los asuntos e imposibilidad de ejercerlo, podrá, designar la persona o personas que hubieren de sustituirlo, si el Gobierno no lo hubiese hecho de antemano o si en sus instrucciones no estuviera previsto el modo de hacer la sustitución.

Artículo 50. El Tribunal Supremo conocerá en única instancia de las responsabilidades definidas en el Código Penal que se imputaren al Gobernador General.

De las responsabilidades en que incurra conocerá el Consejo de Ministros.

Artículo 51. El Gobernador General, a pesar de lo dispuesto en los diferentes Artículos de este Decreto, podrá obrar por sí y bajo su responsabilidad sin audiencia de sus Secretarios del Despacho, en los siguientes casos:

1. Cuando se trata de la remisión al Gobierno de los acuerdos de las Cámaras insulares, especialmente cuando entienda que en ellos se atenta a los derechos garantidos en el Título Primero de la Constitución de la Monarquía o a las garantías que para su ejercicio han señalado las leyes;

2. Cuando haya de ponerse en ejecución la Ley de Orden Público, sobre todo si no hubiere tiempo o manera de comunicarlo al Gobierno Central;

3. Cuando se trate de la ejecución y cumplimiento de leyes del Reino sancionadas por Su Majestad y extensivas a todo el territorio español o al de su Gobierno.

Una Ley determinará el procedimiento y los medios de acción que en estos casos podrá emplear el Gobernador General.

Título octavo. Del régimen municipal y provincial

Artículo 52. La organización municipal es obligatoria en todo grupo de población superior a mil habitantes.

Los que no lleguen a esa cifra podrán organizar los servicios de carácter común por convenios especiales.

Todo Municipio legalmente constituido estará facultado para estatuir sobre la instrucción pública, las vías terrestres, fluviales o marítimas, la sanidad local, los presupuestos municipales y para nombrar y separar libremente sus empleados.

Artículo 53. Al frente de cada provincia habrá una Diputación, elegida en la forma que determinan los estatutos coloniales y compuesta de un número de individuos proporcional a su población.

Artículo 54. Las Diputaciones Provinciales son autónomas en todo lo referente a la creación y dotación de establecimientos de instrucción pública, servicios de beneficencia, vías provinciales terrestres, fluviales o marítimas, formación de sus presupuestos y nombramientos y separación de sus empleados.

Artículo 55. Tanto los Municipios como las Provincias podrán establecer libremente los ingresos necesarios para cubrir sus presupuestos, sin otra limitación que la de hacerlos compatibles con el sistema tributario general de la Isla. Los recursos del presupuesto provincial serán independientes de los del municipal.

Artículo 56. Serán Alcaldes y Tenientes de Alcalde los Concejales elegidos por los Ayuntamientos.

Artículo 57. Los Alcaldes ejercerán, sin limitación alguna, las funciones activas de la Administración Municipal, como ejecutores de los acuerdos de los Ayuntamientos y representantes suyos.

Artículo 58. Tanto Concejales como Diputados provinciales serán responsables civilmente de los daños y perjuicios causados por sus actos. Esta responsabilidad será exigible ante los Tribunales ordinarios.

Artículo 59. Las Diputaciones Provinciales nombrarán libremente sus presidentes.

Artículo 60. Las elecciones de Concejales y Diputados provinciales se harán de manera que las minorías tengan en ellas su legítima representación.

Artículo 61. La Ley Provincial y Municipal vigente en Cuba seguirá rigiendo en cuanto no se oponga a las disposiciones del presente Decreto, mientras el Parlamento Colonial no estatuya sobre estas materias.

Artículo 62. Ningún estatuto colonial podrá privar a los Municipios ni a las Diputaciones de las facultades reconocidas en los Artículos anteriores.

Título noveno. De las garantías para el cumplimiento de la Constitución Colonial

Artículo 63. Todo ciudadano podrá acudir a los Tribunales cuando entienda que sus derechos han sido violados o sus intereses perjudicados por los acuerdos de un Municipio o de una Diputación Provincial.

El Ministerio Fiscal, si a ello fuere requerido por los agentes del Poder Ejecutivo Colonial, perseguirá igualmente ante los Tribunales las infracciones de Ley o las extralimitaciones de facultades cometidas por los Ayuntamientos y Diputaciones.

Artículo 64. En los casos a que se refiere el **Artículo** anterior, serán Tribunales competentes para las reclamaciones contra los Municipios la Audiencia del territorio; y para las reclamaciones contra las Diputaciones Provinciales, la Audiencia Pretorial de La Habana.

Dichos Tribunales, cuando se triste de extralimitación de facultades de las referidas Corporaciones, resolverán en Tribunal Pleno. De las resoluciones de las Audiencias Territoriales podrá apelarse a la Audiencia Pretorial de La Habana, y de las de ésta al Tribunal Supremo del Reino.

Artículo 65. Las facultades concedidas en el **Artículo 62** a todo ciudadano se podrán también ejercer colectivamente por medio de la acción pública, nombrando al efecto apoderado o representante.

Artículo 66. Sin perjuicio de las facultades que le están otorgadas en el título el Gobernador General, cuando lo estime conveniente, podrá acudir en su calidad de Jefe del Poder Ejecutivo Colonial ante la Audiencia Pretorial de La Habana, para que ésta dirima los conflictos de jurisdicción entre el Poder Ejecutivo Colonial y sus Cámaras legislativas.

Artículo 67. Si surgiera alguna cuestión de jurisdicción entre el Parlamento Insular y el Gobernador General en su calidad de Representante del Poder Central, dice a petición del primero no fuera sometida al Consejo de Ministros del Reino, cada una de las dos partes podrá someterla a la resolución del Tribunal Supremo del Reino, que resolverá en pleno y en una sola instancia.

Artículo 68. Las resoluciones que recaigan en los casos previstos en los Artículos anteriores se publicarán en la Colección de Estatutos Coloniales y formarán parte de la Legislación insular.

Artículo 69. Todo acuerdo municipal que tenga por objeto la contratación de empréstitos o deudas municipales carecerá de fuerza ejecutiva si no fuere aprobado por la mayoría de los vecinos, cuando así lo hubiere pedido la tercera parte de los Concejales.

Un estatuto especial determinará la cuantía del empréstito, o de la deuda que, según el número de vecinos que compongan el Ayuntamiento, será necesario para que tenga lugar el referéndum.

Artículo 70. Todas las disposiciones de carácter legal que emanen del Parlamento Colonial o de los Tribunales se compilarán con el nombre de Estatutos Coloniales en una colección legislativa, cuya formación y publicación estará confiada al Gobernador General como Jefe del Poder Ejecutivo Colonial.

Artículos adicionales

Artículo 1. Mientras no se hayan publicado en debida forma los Estatutos Coloniales, se entenderán aplicables las leyes del Reino a todos los asuntos reservados a la competencia del Gobierno Insular.

Artículo 2. Una vez aprobada por las Cortes del Reino la presente Constitución para las Islas de Cuba y Puerto Rico, no podrá modificarse sino en virtud de una ley y a petición del Parlamento Insular.

Artículo 3. Las disposiciones del presente Decreto se aplicarán íntegramente a la Isla de Puerto Rico; pero a fin de acomodarlas a su población y nomenclatura, se publicarán en Decreto especial para dicha Isla.

Artículo 4. Los contratos referentes a servicios públicos comunes Antillas y a la Península que están en curso de ejecución, continuarán en la forma actual hasta su terminación y se regirán en un todo por las condiciones del contrato.

Sobre los que aún no hubieran empezado a ejecutarse, pero estuvieran ya convenidos, el Gobernador General consultará al Gobierno Central o a las Cámaras Coloniales, en su caso, resolviéndose de común acuerdo entre los dos Gobiernos la forma definitiva en que hubieren de celebrarse.

Artículos transitorios

Artículo 1. A fin de llevar a cabo con la mayor rapidez posible y con la menor interrupción de los servicios la transición del sistema actual al que se crea por este Decreto, el Gobernador General, cuando crea llegado el momento oportuno, previa consulta al Gobierno Central, nombrará los Secretarios del Despacho a que se refiere el **Artículo 45**, y con ellos constituirá el Gobierno interior de la Isla de Cuba hasta la Constitución de las Cámaras Insulares. Los Secretarios nombrados cesarán en sus cargos al prestar el Gobernador General juramento ante las Cámaras Insulares, procediendo el Gobernador, acto continuo, a sustituirlos con los que a su juicio representen de la manera más completa las mayorías de la Cámara de Representantes y del Consejo de Administración.

Artículo 2. La manera de hacer frente a los gastos que origine la deuda que en la actualidad pesa sobre los tesoros español y cubano, y la que se hubiere contraído hasta la terminación de la guerra, será objeto de una ley en la cual se determinará la parte que corresponda a cada uno de los dos tesoros y los medios especiales para satisfacer sus intereses y amortización y reintegrar en su caso el capital.

Hasta que las Cortes del Reino resuelvan ese punto no se alterarán las condiciones en que hayan sido contratadas las referidas deudas, ni en el pago de los intereses y amortización, ni en las garantías de que disfruten, ni en la forma con que hoy se hacen los pagos.

Una vez hecha la distribución por las Cortes, corresponderá a cada uno de los tesoros el pago de la parte que respectivamente; se le haya asignado.

En ninguna eventualidad dejarán de ser escrupulosamente respetados los compromisos contraídos con los acreedores, bajo la fe de la Nación española.

Dado en Palacio, a 25 de noviembre de 1897.

MARÍA CRISTINA

El Presidente del Consejo de Ministros: PRÁXEDES MA-
TEO SAGASTA

Constitución provisional de Santiago de Cuba o de Leonard Wood de 1898

20 de octubre de 1898

Cuartel General del Departamento de Santiago de Cuba, octubre 20 de 1898.

Orden General

La ocupación de la provincia de Santiago de Cuba por las fuerzas de los Estados Unidos ha cambiado necesariamente las condiciones de todos los asuntos gubernativos. Si bien sería deseable que en lo posible continuaren rigiendo las leyes municipales del territorio conquistado, el General en Jefe opina, sin embargo, que muchas de ellas, así como el modo de ejecutarlas, son incompatibles con el nuevo orden de cosas, y por lo tanto estima necesario promulgar la siguiente Orden para informe y observancia de todas las personas interesadas en el buen gobierno y para la dirección de los funcionarios públicos que hubiesen prestado el debido juramento. La presente declaración hará las veces de una Constitución Provisional, tan solo en cuanto a su objeto, que es el de garantizar los derechos personales, por más que no contenga las reglas ordinarias o comunes de una ley orgánica.

Primero. El pueblo tiene el derecho de reunirse pacíficamente para tratar de asuntos que se refieran al bienestar general y de acudir a las autoridades para la reparación de los agravios por medio de solicitud o representación.

Segundo. Todos los hombres tienen el derecho natural e irrevocable de adorar a Dios Todopoderoso, de acuerdo con los dictados de su propia conciencia. Ninguna persona podrá ser ofendida, molestada o impedida en el ejercicio de sus creencias religiosas si a su vez no perturbare a otros en su culto religioso; todas las iglesias cristianas serán protegidas y ninguna oprimida, y ninguna persona, por motivo de sus opiniones religiosas, podrá ser excluida de ningún cargo de honor, confianza o utilidad.

Tercero. Las Cortes de Justicia, atenderán a todas las personas: Todos los perjuicios a las personas o a la propiedad serán justamente remediados y el derecho y la justicia se administrarán sin venta, negocio o tardanza. Ninguna propiedad privada se tomará para uso público sin ser debidamente indemnizada.

Cuarto. En los procedimientos criminales el acusado tendrá derecho a ser oído personalmente o por medio de su representante legal, a que se le informe de la naturaleza o motivo de la acusación contra él, a que se obligue a comparecer a los testigos que deban declarar en su favor y a ser careados con los que depusieron en contra de él.

Quinto. El acusado no puede ser obligado a declarar en contra suya ni podrá privársele de la vida, de la libertad o de su propiedad sino por las leyes del país.

Sexto. Ninguna persona, una vez juzgada y absuelta podrá ser juzgada de nuevo por el mismo hecho; es decir, no podrá sometérsele dos veces al riesgo de ser absuelta o condenada por el mismo delito.

Séptimo. Cualquiera persona podrá ser puesta en libertad mediante fianza suficiente menos en aquellos delitos que tuvieren señalada pena aflictiva cuando exista prueba plena o presunción bastante de culpabilidad; no pudiendo privársele del derecho a una orden de Habeas corpus sino cuando el General en Jefe lo considere conveniente.

Octavo. No podrá exigirse fianza excesiva a los acusados, imponérseles multas exageradas ni condenárseles a castigos crueles y desusados.

Noveno. Todo ciudadano será garantizado en sus negocios, personas, papeles, casas y efectos contra todo registro y embargo injustificados mientras el motivo probable de culpabilidad no haya sido declarado bajo juramento.

Décimo. La libre comunicación de pensamientos y opiniones es uno de los derechos inviolables del hombre libre, y todas las personas pueden libremente hablar, escribir o imprimir sobre cualquier materia, siendo responsables de esa libertad. Las leyes municipales serán administradas de acuerdo con la presente declaración de derechos y sujetas a las modificaciones que de tiempo en tiempo pueda hacer el General en Jefe para que estas leyes puedan, a su juicio, adaptarse a los benéficos principios de una civilización ilustrada.

LEONARD WOOD, Comandante General de la Provincia de Santiago de Cuba.

Libros a la carta

A la carta es un servicio especializado para
empresas,
librerías,
bibliotecas,
editoriales
y centros de enseñanza;
y permite confeccionar libros que, por su formato y concepción, sirven a los propósitos más específicos de estas instituciones.

Las empresas nos encargan ediciones personalizadas para marketing editorial o para regalos institucionales. Y los interesados solicitan, a título personal, ediciones antiguas, o no disponibles en el mercado; y las acompañan con notas y comentarios críticos.

Las ediciones tienen como apoyo un libro de estilo con todo tipo de referencias sobre los criterios de tratamiento tipográfico aplicados a nuestros libros que puede ser consultado en Linkgua-ediciones.com .

Linkgua edita por encargo diferentes versiones de una misma obra con distintos tratamientos ortotipográficos (actualizaciones de carácter divulgativo de un clásico, o versiones estrictamente fieles a la edición original de referencia).

Este servicio de ediciones a la carta le permitirá, si usted se dedica a la enseñanza, tener una forma de hacer pública su interpretación de un texto y, sobre una versión digitalizada «base», usted podrá introducir interpretaciones del texto fuente. Es un tópico que los profesores denuncien en clase los desmanes de una edición, o vayan comentando errores de interpretación de un texto y esta es una solución útil a esa necesidad del mundo académico.

Asimismo publicamos de manera sistemática, en un mismo catálogo, tesis doctorales y actas de congresos académicos, que son distribuidas a través de nuestra Web.

El servicio de «libros a la carta» funciona de dos formas.

1. Tenemos un fondo de libros digitalizados que usted puede personalizar en tiradas de al menos cinco ejemplares. Estas personalizaciones pueden ser de todo tipo: añadir notas de clase para uso de un grupo de estudiantes, introducir logos corporativos para uso con fines de marketing empresarial, etc. etc.

2. Buscamos libros descatalogados de otras editoriales y los reeditamos en tiradas cortas a petición de un cliente.

www.ingramcontent.com/pod-product-compliance
Lightning Source LLC
Chambersburg PA
CBHW022121040426
42450CB00006B/787